创业，是一场九死一生的博弈，也是创业狂们不顾一切的赌博。但要知道，成功者总有其特质和秘诀，也有许多不为人知的共性……

天生创业狂

陆新之 邓鹏◎编著

ZHEJIANG UNIVERSITY PRESS
浙江大学出版社

目录

序言 做一条聪明的蚯蚓 001

前言 他们的启示 001

001 马克·扎克伯格：一路向前

别被眼前利益蒙蔽 001
创意源于趣味 003
需求指引方向 005
单干还是合伙？ 007
扎稳营盘再扩张 009
明确核心优势 011
找到对的伙伴（上） 012
找到对的伙伴（下） 014
理性看待初始股 015
掌握公司控制权 016
避免误入歧途 018
融资误区和技巧 019
借助资本的力量 021
梦幻故事与现实泥土 022
小结：扎克伯格的偏执与理性 025

028 安迪·鲁宾：一个极客的旁白

兴趣是动力的源泉 028
全力投入挚爱之物 030
饭碗与兴趣哪个更重要？ 031
光有好想法还不行 033
找准市场定位 034
放弃是重新起步的开始 035
融资还是被收购？（上） 037
融资还是被收购？（下） 038
小结：鲁宾的妥协与执著 039

041 谢家华：35 岁成为亿万富翁
人生与创业交相辉映 041
从小就对赚钱感兴趣 042
想法众多，勤于实践 044
一时兴起，注定无法走远 046
始于兴趣，找到方向 048
拒绝 2000 万收购的底气 050
卖掉公司要选一个好时机 051
投资比创业更有风险 053
有生意，就意味着有活路 054
如何度过财务危机？（上） 056
如何度过财务危机？（下） 058
怎样找到“对”的员工？ 059
用什么撑起 35% 的市场？ 061
赌城重建计划 063
小结：一切为了更高效地赚钱 064

066 卡梅伦·约翰逊：创业天才的生意经
从小做起，步步为营 066
先做稳，再做大 068
掐准时机，进退有度 070
整合资源，为我所用 072
在现有基础上寻找商机 074
“谨慎挑选你信得过的人” 075
善于利用声势 077
不必留恋一时成功 079
小结：连续创业不妨从小处着眼 081

083 季琦：连环创业启示录
学生创业：“没有远大的梦想” 083
“先做人，再做事” 085
他人的生活透射自己的未来 088
找到伙伴，一起上路 090
明确责权，分工协作 092
救命钱得来不易 094
烧钱容易，找钱难 096
“不赚钱的公司没有存在的理由” 098

目　录

且看携程怎样赚钱　101
从产业链上寻找创业方向　102
合资：解决资金难题的另类途径　104
在细节上打造核心竞争力　106
在细分市场发现创业空间　109
做一个聪明的模仿者　111
该拿的钱与不该拿的钱　112
小结：气质相投的人与钱　113

115 雷军：40岁重新创业
脚踏实地，追逐梦想　115
学会交流与合作　117
从失败中寻找教训　119
人贵有自知之明　121
金山史前史：用技术发掘市场　123
机会不是没来由的　125
方向正确比什么都重要　126
专业的人做专业的事　129
后来者如何占领市场?　130
企业的发展与人才的发展　132
站在投资人视角审视创业　134
创业应有计划性　136
保持节奏，稳步向前　138
小结：方向！方向！　139

141 孙陶然：从跟随到领先
创业者的潜质　141
机会来了，果断抓住　144
奇思妙想，勇于尝试　146
同领域的创业延伸　148

市场需要什么样的公司？ 149
选对人，定好规则 150
市场需要什么样的产品？ 152
一则广告奠定半壁江山 154
独特营销，杀出重围 156
怎样应对外部恶性竞争？ 158
追随潮流的脚步（上） 161
怎样应对内部环境变化？ 163
“急流勇退谓之知机” 164
尝试在新行业复制成功 166
领导者最主要的三件事 168
追随潮流的脚步（下） 169
一个好点子，一个好名字 171
模式、团队与资金 172
小结：营销、产品与创意，一个都不能少 174

177 王雪红：**没有人能随便成功**

HTC 背后的女人 177
从小培养独立意识 179
就业与创业的权衡 182
从挫折中汲取教训 183
贷款创业的底气 185
吸引技术人才加盟 187
向利润更高的领域升级（上） 188
向利润更高的领域升级（下） 191
如何应对专利诉讼？ 192
为了明天：布局产业链 194
用品质赢得客户青睐 196
商业模式的创新 198
着眼未来的品牌策略 200
在行业变革中迅捷出击 202
小结：善于利用既有条件 203

205 从 A—Z：**天生创业狂的 26 条军规**

208 参考书目

序言　做一条聪明的蚯蚓

我不在乎拥有什么。你已经看到了，我就是这么干的，简直是不顾一切，你也知道，别人怎么说我都无所谓，只要咱们知道该怎么去生活。

——杰克·凯鲁亚克《在路上》

在这个世界上，恐怕很少有什么工作比创业更具吸引力了。

想想看，在鸿蒙之初开天辟地，于荒原之上建造广厦，往市井之中抛砖引玉，遍尝酸甜苦辣，何尝不是一件带劲的事情？

有一种人，注定是为创业而生。

出身也许参差不齐，学识、教养、品性各有不同，行业千差万别，共同属性却是不安分、爱折腾、点子多、想法新、行动力强，天生具有一种浑不吝[①]的特质，如西西弗斯不断把巨石推向山顶，仿佛不做出一些事情来就虚度此生，愧对苍天白驹。

而又有所谓的“天生创业狂”，他们头脑活跃，富于行动力，带有一种神经质般的欲罢不能的创业欲望，热衷并擅长商业运作，或以技术打天下，或从市场中窥得商机，事成后，不甘在一方天地中终老，翻身

---

① 北京方言，意指有股干啥都不在乎的态度。

下海，且再获成功。

是什么让他们如此迷恋而执著，甚至疲于奔命？又是什么让他们有足够底气将整个世界当做商业探索的试验场？

首先，宏观环境对创业具有根本性制约，决定了商业行走的边界和行为方式。在环境允许的条件下创业才是明智选择，若不顾现实基础，一味向前横冲直闯，不仅是蛮干，而且低效。

其次，优劣之间做出判断，避开环境中的干扰因素，最大限度地利用有利因素。踏上创业之路，势必看到各种风景，需要在似是而非的机会前做出选择。机会主义者通常不具备抵抗诱惑的能力，容易半途而废，真正的创业狂是不会在桃子成熟前拱手让人的。

再次，生存至上，进行有技术含量的移植，培育顽强的杂交品种。不排斥外来经验，同时不盲目跟风，扬弃模仿，审慎复制。

大凡创业狂，前一家公司与后一项事业之间必然存在某种关联，或者是合并同类项，或者是升级版，或者是连环交叉型。总而言之，在关闭上一扇大门的同时，提供了进入下一块市场的切口，呈现层层推进的趋势。最后，不妨这样设想：发动机的使命即是提供动力，进气、压缩、做功、排气，四道工序循环往复，活塞进出自如。假若有朝一日机器报废，也就失去了存在的意义。不同的地方在于，创业狂天生有一颗不死之心，如流水不腐，户枢不蠹。

商业环境和创业空间

在商业这个复杂的生态系统中，创业者就像辛勤耕耘的蚯蚓，创造并提供元素流动的动力，是循环中不可或缺的一环。由此，形成一个关联意象：倘若创业受阻，流通不畅，商业环境面临倒退；若环境异化，亦将反作用之，创业不再流行。

当然，根本因素仍在环境。空气、阳光、水分，缺一不可，若一个环节发生变动，就将对整个系统构成威胁，正如北美大陆的蚯蚓全部死于冰川期，却衍生出大面积的浅层根系植物。

那么，人类社会的更迭又将对商业生态造成何种影响？换言之，创业旗帜在浮事纷扰的俗世可飘扬多久？

首先你得确认自己是一条“蚯蚓”，或者退一步讲，足够长成一条优秀的“蚯蚓”。创业失败的案例数不可数，曾引起一片喧嚣的“破产哥”潘军历经7次创业均告失败，挣扎半生走上卖艺道路。正如一条自以为是的“蚯蚓”，到头来竟发现自己其实不过是一条无腿“蜈蚣”。

失败并不可耻，所以无需惧怕。真正的“蚯蚓”不仅敢于面对惨淡的人生，更能在丛林中创造出路，所需的不过是大环境的宽容和理想主义者的执著，如果还有清醒的头脑就更加靠谱。

因此，我们看到，1985年史蒂夫·乔布斯被自己亲手创立的苹果公司扫地出门，依然故我地创办另一家电脑公司NeXT，甚至要求对隐藏在计算机后面的电路板都要做到“聪明且吸引人”，追求完美的风格不变。一时间，高端杂志《财富》、大众报纸《纽约时报》、成人读物《花花公子》全部为乔布斯摇旗呐喊，以约翰·斯卡利为首的接任团队反而成了“不受欢迎的人”。

如今，乔布斯已被疯狂的粉丝和添油加醋的媒体捧上神坛，出版商趁机打出“成功可以复制”的旗号大肆捞钱，塑造出轻易成功的假象，在追逐偶像的狂热中有多少情真意切却不得而知。2011 年夏，就在“乔大神”宣布功成身退之际，《花花公子》杂志刊出 1985 年一段未经刊登的采访，尽管对被赶出门“感到很悲哀、很沮丧”，乔布斯仍然“执迷不悟”地为家庭电脑摇旗呐喊，极力描绘计算机细分市场的广阔前景。那一刻，面对一知半解的记者，他仿佛又回到车库时代。

假若认为乔布斯这条外国“蚯蚓”距离遥远，那么不如回头看看发生在本土的鲜活案例。

荣宗敬、荣德生兄弟是民族企业家中的标杆人物，他们建立“三新财团”的过程一波三折，精彩不亚于好莱坞大片。如果以创业次数的多少来定义“创业狂”，那么荣氏兄弟算得上个中翘楚。

1896 年，钱庄学徒出身的两兄弟开办广生钱庄，几年后相继创建保兴面粉厂、振新纱厂，历经合伙人拆股、日俄战争、大股东挤兑，经商实业之心不死，终于建起申新、茂新和福新的三新系统，共数十家工厂，在“衣食上坐拥半个中国”，几乎垄断面粉、棉纱行业。

和平年代的商业固然可嘉，离乱时期的创业尤显难得。

荣氏成长为“面粉大王”、“棉纱大王”的路途中，面临无数个“交叉路口”：入仕或经商，投机取巧或安心实业，无锡乡党劫难和上海滩繁华。做出选择的标准是：是否利于事业可持续发展。为迅速扩大规模，他们很多年都不曾分红，将收入投资建厂，滚动发展。发展到后期，完全是贷款办厂，在腾挪转移中最大化配置资源。

宏观来看，荣氏家族的发展路线恰好与中国近代百年商业起伏一脉相承，由点及线，最后成面。

创业天性融入家族血脉，荣氏子弟纷纷成长为商业丛林的轻骑兵。

抗日期间荣毅仁率领荣氏企业浴火重生，1949 年后公私合营，1978 年再度出山创办中信。同年，荣智健在香江畔开办爱卡电子厂，1984 年赴加州二次创业，及至 2009 年从中信泰富退位，又以“荣氏企业”卷土重来。

有趣的是，荣智健到美国掘金时，乔布斯推出麦金托什电脑，用那则夺人眼球的“1984 广告”向蓝色巨人发出挑战。25 年后，凭借 iPhone 手机，乔布斯光芒万丈，荣智健却辉煌难再。

如果以乔布斯为参照，以荣氏家族的起承转合为线索，按图索骥，商业生态的兴衰成败尽收眼底。意气风发的创业者终究抵不过摧枯拉朽的时代，不如在商业的大潮中翻江倒海。

个体抉择：“好的”与“坏的”

创业狂，并非漫无目的的心血来潮，抑或不择手段的规模扩张，疯狂外，必怀警惕之心。

可以肯定一点，创业狂通常具有寻觅和把握机会的非凡能力，但是你很难据此得出判断，机会主义者创业成功的概率异于常人。

事实上，剥开机会和运气的糖衣，你会发现那些疯狂的家伙几乎无一例外地拥有一颗脚踏实地的雄心，纯粹的机会主义者的确很难获得持续成功。

至少无法否认，史玉柱被“高楼神话”蛊惑前，汉卡的确做得有声有色；后来日落西山开发脑白金，一个很大的心愿是还债，力气用在市场营销，广告全天候轰炸；再后来进军网游，营销手段已然炉火纯青，比脑白金时代更胜一筹，兼有广阔的销售网络铺路，自然水到渠成。

三一重工创始人梁稳根、毛中吾、唐修国、袁金华四人，进军重工制造之前卖过羊、贩过酒、造过玻璃，均以失败告终，最终通过焊接材料敲开市场之门，从此扎稳营盘，咬定青山不放松。

这情形正如旱地掘井。每一眼井均挖到绝境，无可再进，或看到根底，另起炉灶。如是再三。若三天打鱼、两天晒网地“刨坑”，或等待机会敲门，只会徒然无功，留作笑柄，即便成功也属偶然。所以，本书所谓的“创业狂”，乃指天生头脑活跃，富于行动力，虽有失败，但不乏多次创业成功，且有迹可循之人。当然，这里所谓的“成功”，仅指在商业上建树不凡、出类拔萃之辈。

数风流人物，俱往矣。全球化时代，面对多元化的商业丛林，选择变得更加艰难。横亘在本土化和国际化之间的鸿沟，不止市场环境、文化差异、经济体制这么简单，还必须充分考虑个体因素，以及整个生态系统的综合作用，它们通常是一套连贯的、复杂的人类行为反应。

不妨对中外商界的创业狂进行对比。

总体而言，国内创业者受经济、资本、技术和视野制约较大，大多数时候，创业是为了摆脱贫穷，出人头地，事业发展到一定阶段即遭遇瓶颈，很难突破天花板，有时只能选择另起山头，所以他们多是成功的商人，而谈不上优秀的企业家。长此以往，形成浮躁风气，鼓舞创业者频繁更换行业，反而耽误企业发展，败北连连。

相比之下，以美国为代表的西方国家，得益于健全的资本市场、长期的商业熏陶和高质量的技术人才，创业出发点多为兴趣而非财富，成功后往往能抵抗金钱层面的诱惑，一如既往，所以在短短数十年中涌现出苹果、Google、Facebook、Napster 等一连串优秀的高科技公司。

且看这一组耐人寻味的对比：1984 年荣智健在加州圣荷西创立加州自动设计公司，不久即与硬件制造商美国加菲克斯公司合并，做大规模，上市成功后套现出局，摇身一变成为千万富翁，转身到香港楼市厮杀，将家族的实业传统抛诸脑后；反观 Google、Facebook 等纯种的美国公司，不仅在引资方面具有天然的警惕性，甚至多次拒绝极具诱惑力的收购。

联想到商业环境的差异，你很难简单地用诸如年龄、行业、前景等量化标准区分衡量，但高下自有公论。尤其需要指出，史蒂夫·乔布斯、马克·扎克伯格同样属创业狂人，但与国内诸多大佬显然不是一种类型。也许，经过半个多世纪的时间磨洗，国人的心性、气质、眼界、胸襟，比诸民国的前辈们反而不及。

财富暴涨的时代，数字崇拜变得有恃无恐。动辄上市融资，大肆圈刮风投基金，萦绕在创业者心头的不再是实业的沉静光辉，而是一组组膨胀的数字，梦想尽早套现出局，变身为投资人。投资机构涌现，这本是创业者的“福音”，但奇怪的是，无数新生企业寻找资金之际，投资机构癫狂而舞，制造出梦幻般的概念。于是，成就了辽阔的商业丛林中的无数短命公司，而独少常青企业。

那么，合理的秩序又应该怎样？

投资者有足够的耐心，等待破茧成蝶；创业者也有足够的耐心，等待其破茧而出；潜心经营，扎实积累；不排斥资本但警惕资本，必要时制造声势并利用之，但不困于大而无当的营销……这些都是，但非全部。看来，创业狂应该成为一条聪明的“蚯蚓”：明白哪些是枯枝烂叶，哪些是真材实料，有智慧去甄别它们，并有意志抵制表面诱惑。

聪明地汲取经验

1492 年，哥伦布将大航海时代推向高潮，蚯蚓被远航者带至美洲大陆，新的生态循环开始了。地表落叶被蚯蚓消化吸收，以排泄物的方式深藏地下，浅层根系植物消亡了，树木杂草开始疯长。

全球化缩短了时空，多元化碰撞加剧，商业交流日渐频繁，创业者有了更多的参照系。

对于商业和技术层面的后来者来说，没有什么比模仿风险更小、更易取得成功。大规模、成批量的经验移植开始了。美国人从日本人那里学来精益管理，摩托罗拉改良为六西格玛①质量管理；中国留学生从硅谷带来创业传奇，又从华尔街引入风险投资，在北京中关村拉帮结伙，干得风生水起。百度与谷歌的旧怨还未了，王兴又从美国 Facebook 拷贝来校内网。

既然欧洲蚯蚓让美洲大陆脱胎换骨，为什么这些“海归蚯蚓”不能引发本土的商业裂变？

原因不止一条，想来让人欷歔。校内网大红大紫之际，王兴套现离场，于是我们得知这终究只是一场击鼓传花的游戏，中外有别，各取所需。

说起来，王兴也算得上创业狂，前后相继创立饭否网和美团网，成功与否尚且不论，仅是前者被指抄袭 Twitter，后者被指抄袭 Groupon 就

① 六西格玛是一种能够严格、集中和高效改善企业流程管理质量的实施原则和技术。

令其成色大打折扣。无技术含量的抄袭人人可为，在微博和团购网冲击下，饭否、美团命运着实可叹。这其实相当于变相稀释了行业价值，而王兴的频繁创业也变得容易理解——他打的都是浅井。

形成鲜明对照的是，马克·扎克伯格为一桩抄袭指责付出数百万美元的不菲赔偿，仅是因为他在哈佛大学读书时参加了温科吾斯兄弟的创业项目，而被他们认为创意雷同。

看起来，美国社会对剽窃不留情面，在维护专利和版权方面异常较真，但对国外多少有些鞭长莫及。你很难据此推断，究竟哪一种环境更利于创业，不过可以肯定的是，杂交品种生命力更顽强。

个别成功者在改良主义掩护下创建了新兴公司，将后来者挡在门外，建立先发优势后极尽所能打压创业公司，久而久之，竟固化为一项可怕的传统。周鸿祎刚批评了“企鹅教父”阻挡中小企业创新出路，又回过头去对雷军的小米手机指手画脚，引起一片喧嚣。当然，正如俗语所说，“苍蝇不叮无缝的蛋”，奇虎360究竟有多少创新成分尚且值得商榷，雷军与黄章的恩怨也是一桩说来话长的往事，问题的焦点依旧是“创新与剽窃”。这真是宿命般的诘问。

曾经的创业者在成为行业大佬后，又以道貌岸然的态度批评、指责创业型公司，似乎忘记了这正是自身的成长方式，对于下一波创业者来说，实际上是一种扼杀。

如今大公司被渲染成无处不在的怪物，凡创业者，均无从绕过。如何相处？或许可以借鉴日本人的做法。

日本的创业者不喜欢与美国人竞争创新性，更不屑跟在他们屁股后面模仿，而是热衷于独辟蹊径，从优势领域入手。另一方面，日本的大公司也没有“老大全”的大哥派头，为了降低成本，反而乐于将业务外包给更加专业的创新型公司。分工有序，合作代替了争吵。所以，在日本，大公司与小公司和谐共生，几乎不存在恃强凌弱的大公司和胡搅蛮缠的小公司。

不能指望中国公司如是模仿，既不现实，也无可能。关键在于应该看到背后的因素——商业环境。日本商业秩序已经成型，中国还是闹哄哄，大家互不服气，期望超越对方，目光短浅就容易跟风模仿，喜欢走捷径，忽略自身实力，一方面忘乎所以，一方面又飘飘然，也就危险了。

值得肯定的是，学习从未停止。在短期目标的支配下，技术、概念等形式主义的事物被率先引入，在咀嚼、消化、吸收的过程中，愈发体会到制度、内容、环境的重要性，需要用科学合理的制度来保障外来商业模式的正常运转。如家、携程和红杉资本创始人之一的沈南鹏极力洗脱如家、携程的创始人色彩，引入职业经理人。谈到初衷，他说，十年后带着儿子经过如家酒店，可能已不再担任董事或股东，依然可以自豪地说：“老爸曾参与了这个公司的创建。”他将此归于“美国文化里开放而大气的商业态度”。

从长远看，当下的创业者其实在进行造福后人的建设。如此想来，暂时的不完美也变得可以理解。况且，对历尽艰辛的创业者来说，需要的不正是“文化中开放而大气的商业态度”？

创业方向 PK 成长路径

摆脱地理和国别意义上的局限，一个终极追问是：那些理想远大的创业者究竟能在创业道路上走多远?

很大程度上，答案取决于行业和路径，更取决于创业者的自身选择。可以肯定的是，餐饮、食品、酒店、服装等倚重口碑而非技术的行业需要长期的耕耘、积累，短时间难出现多次创业成功的范例。

季琦是个例外。反观他的创业历程，从如家到携程再到汉庭酒店，呈现跳跃式发展，由平价酒店延伸至网上订房、订票，最后回归酒店连锁，以更高级的形式复出。迂回上升的创业路径展现了业态升级的运作思路，商业逻辑不断完善，而非停留在某个行业的简单复制。

互联网等新兴行业风起云涌，技术进步日新月异，可以想见，拥有出色商业头脑和敏锐潮流意识的工程师如果捕捉到前所未有的创业机遇，将引发新一轮变革。不过，与潮流博弈终归是一件冒险的事情，有时候，你必须忍耐曲高和寡的寂寞，守得花开见月明，等待灵魂赶上脚步。

被乔布斯嫉妒的“安卓之父”安迪·鲁宾，正是今日大红大紫的Android 操作系统的发明者。此人同样是一位典型的技术型创业狂，先后参与创建两家技术公司，一家因概念太过超前在上市后倒闭，一个被微软公司收购。有趣的是，前一家公司是从苹果通讯设备部门剥离出来的。后来，安迪·鲁宾加入谷歌公司，在 2002 年便发明智能手机，进而研发出 Android 操作系统。

2011 年，谷歌携摩托罗拉移动进军手机行业，Android 捆绑销售，一时风雨欲来，行业风生水起。于此，谁能保证 iPhone 不会成为下一个诺基亚？从这个意义上讲，技术就像一道永无止境的黑洞，源源不断吸取能量，却又将人引入商业的不归路，覆水难收。

随着竞争加剧，秩序健全，单纯靠模仿取胜的时代远去。不能走出简单复制和本土化移植的怪圈，即便偶有所获，最终命运也可能与饭否、美团一样，激起浪花，却终归寂灭。

除了以技术为支点，撬动商业大门，那些能够发现商业蓝海的创业家将成为下一个时代的黑马鬼才。众所周知，互联网发展至今已相当成熟，但我辈目力所及，仍无法窥见其终极边界，而这正意味着无限广阔的舞台。现实中当然不缺乏鲜活案例。在网络资源日渐丰盛，人们依旧热衷于用Sony随身听欣赏音乐之美的时候，肖恩·范宁靠免费下载歌曲的 Napster 名声大噪。那时，“分享”开始成为互联网的主题，可谁又能想到，另一名创始人肖恩·帕克在几年后 Facebook 的成长中扮演了重要角色。

行文至此，话题又回归创新。这才是商业之源泉，你的公司的创新成色几何，几乎成了每一个创业者无法回避的追问。

任何时候，“繁”和“简”都是创新的两个方向。能够简化程序、降低成本、提供便捷的产品不乏用武之地，正如电力取代蒸汽，电报被电话替代。另一方面，适当的延伸和增加功能往往能收到意外效果，譬如电视电话的发明让思科公司大放异彩，那通常是对已有事物的补充、完善和再开发。

当然，创新不止停留在技术层面，同样适用于商业模式和市场开拓。

发明一项新技术固然美妙，从看似无从着手的红海市场杀出生路更见性情。前者于平地起波澜，创造新兴市场，后者则是见缝插针地丰富已有市场，增加商业空间的密度。一者向外，一者向内；一者以技术为先导，拥有行业壁垒，一者以市场为准则，拥有商业模式，在可复制性上更为简单易行。

2003 年，20 岁的美国青年卡麦隆从网络购物的热潮中窥见商机，切入无人问津的礼券市场，将人们手头搁置的礼券在 ebay 网公开拍卖，收取提成，创造了一个价值四百亿美元的新市场。

日本人在商业模式创新方面独树一帜。2008 年经济危机期间，为节省家庭开支，日本街头出现了旧衣回收店，进而催发了半成品服装店，只需花市价三成左右的钱就能买到一件半成品服装，自己动手缝制袖口、腰身等部位，深受家庭主妇欢迎，一时间店铺纷涌。

基姆 · 柯林斯在《从优秀到卓越》一书中写道：公司从优秀到卓越，跟从事的行业是否在潮流之中没有关系，事实上，即使是一个从事传统行业的企业，即使它最初默默无闻，最后也可能迈向卓越。

某种意义上，这句话同样适用于寻找出路的创业者。试想，当众人都去追逐互联网热潮之际，独自开辟半成品服装店这样的事业，何尝不是一种创新？而所谓的潮流，也只不过是一种说辞罢了。弱者追随潮流，强者引领潮流。放在 25 年前，谁敢肯定，苹果公司正站在下一个浪潮之巅？

回归原点，蚯蚓纵横驰骋的动力不在别处，恰是最不经意的蠕动，创造了庞大而松动的地表世界。所以，如果创业，不妨做一条聪明的蚯蚓，在日复一日的耕耘中通达黄泉与碧落。

——财经作家　吴比

前言

他们的启示

2011 年下半年开始的经济萧条延续至今，在各方纷纷看低 2012 年经济形势之际，老牌杂志《经济学人》披露了一项调查：一半以上的“财富 500 强”企业都是在经济衰退或熊市期间创立的，比如通用汽车、迪士尼、AT&T，等等。人们的日常经验是经济形势低迷之时看起来并不适合创业，但这项调查研究却指向相反的方向：衰退期有可能诞生伟大的公司！

这是否表明，眼下正是这一轮经济周期中难能可贵的创业黄金时期？关于这点，仍有待更充分的数据与事实支撑。不过，可以肯定的是，无论经济形势好坏，创业者对创建公司的兴趣却是一致的。实际上，繁荣时期缔造的优秀公司并不比衰退期涌现的公司逊色。在衡量公司优秀与否时，真正重要的是那些公司背后的创业者。

我们相信，一名合格的创业者拥有自己的判断力和感知力，不仅能够从周遭环境中寻觅得天独厚的商业机会，更有能力让他的公司从无到有、从小到大，随着经济周期的节拍而律动、呼吸。我们从中外商界找出多次创业成功的“创业家”，对他们的创业历程进行梳理、归纳与总结，试图从中发现他们成功的各种要素，归结出某种具有普遍意义的规律。

在这些研究对象中，有 Facebook 创始人马克·扎克伯格（在他年轻的生命中曾经参与了许多鲜为人知的创业项目，而 Facebook 则是其集大成者），成功创办十数家企业的美国“创业神童”卡梅伦·约翰逊，也有“蓝筹创业家”孙陶然，从携程到如家、汉庭的“连环创业客”季琦，更有台湾“经营之神”王永庆之女王雪红以及 35 岁便成为亿万富翁的华人青年谢家华。

这些人大致可以分为两类：其一是技术见长的发明者，比如扎克伯格以及“android 之父”安迪·鲁宾。他们鹤立鸡群的技术能力在人生早期便展露无遗，甚至不费吹灰之力便创造出名噪一时的产品。他们是天生的发明家，擅长制造各种前卫或恰逢其时的产品，市场的热情是对其最大的肯定。扎克伯格还在读高中时便编写了一款可以根据人们的爱好程度自动排列播放顺序的 MP3 播放器插件，微软公司开价 200 万美元购买版权，居然被他拒绝了。扎克伯格把它放到互联网上供人免费下载，而互联网的共享精神融入 Facebook 气血当中，间接地促成了扎克伯格的创业。

至于安迪·鲁宾，更是一个狂热的技术爱好者，他最令人津津乐道的发明是一个带有摄像头的机器人。可惜，这发明因为安全问题被微软打入冷宫。对机器人的喜爱直接促成了 android 系统的问世，这一智能操纵系统不仅在手持终端领域大放异彩，甚至入侵 PC 机，威胁到微软的后门。

其二是商业头脑发达的经营者，典型代表有谢家华、卡梅伦·约翰逊和孙陶然等。他们一个最大的共同点是：从小就对赚钱感兴趣。谢家华卖过旧货，做过柠檬水生意，还在邮购领域捕捉到商机，小小年纪就成为一个徽章制作商，每个月稳定利润 200 美元，他甚至将之做成家族生意，直到最后因为搬家而不得不放弃这门财路。正是这个经历，酝酿了美捷步“卖鞋的亚马逊”的梦想。

卡梅伦人生的第一笔生意是从祖父母的农场带回的番茄，他把它们成功地卖给自己的邻居。这打开了神奇的“潘多拉盒子”，从卖番茄起步，卡梅伦又卖过旧货、贺卡、豆豆公仔等许多东西，13 岁时他便成为全美最大的豆豆公仔经销商之一。商品交易让他体味到赚钱的乐趣。卡梅伦很善于利用自己的知名度为公司做宣传，他是营销高手，总是能用最小的成本换得想要的结果。那些对营销一知半解的创业者真应该看看他是怎么打开局面的。

季琦、王雪红也是热心做生意的创业者，还在读书时季琦就开始买卖二手货，还组装过电脑，王雪红则做过药品代理。后来，季琦创办了携程、如家、汉庭三家纳斯达克上市公司，王雪红凭借在 IT 领域的卓越成就成为全球最具权威的商业领袖之一。早期生意经转化为成本控制、市场敏感和经营策略。从来没有天生的成功者，每个成功者背后都有无数艰辛往事。

除此之外，雷军、孙陶然兼具两种特点。雷军早期是一名出色的程序员，在金山埋首数十年让他悟到不少商业真谛，使他开始有意识地向经营者转化。而孙陶然最初具有精明的生意头脑，在蓝色光标成功之后，他开始主动向技术方面靠拢，参与了商务通的创业，并一手缔造了拉卡拉。

拥有一技之长的发明者与头脑精明的生意人注定无法“独木成林”，

势必需要团队协作，“专业的人做专业事”，利用团队分工驾驭企业。然而，作为公司领导者的创始人仅仅具有某种专长是远远不够的，如何与投资者谈判、如何辨别人才、如何制定战略、如何管理公司，等等，不一而足。这些复杂的问题需要多元思维来应对。而无论哪种类型的创始人都不希望交出控制权，因此，他们不得不成为统揽全局的管理者。从这个角度讲，雷军、孙陶然这样的“综合性人才”更容易在某个领域取得长足进步。这也正是我们写作此书的目的所在。书中提及的各色人物均有长处，也有局限性，“博采众长，补己之短”，是创业者的重要素质。

马克·扎克伯格：一路向前

不能靠一时的灵感或才华，而是需要一年又一年的实践和努力。凡是了不起的事情都需要大量的努力。

——马克·扎克伯格

创业路径： 播放软件 Synapse →“课程搭配”→Facemash →Wirehog →Facebook

别被眼前利益蒙蔽

马克·扎克伯格出生于纽约州一个中产家庭，父亲是牙医，母亲是心理学家，他是家中四个孩子里的老二，是唯一的男孩。扎克伯格从小就热爱钻研，尤其对电脑兴趣盎然。他 10 岁时获得一台个人计算机，并将大量的时间花在上面，成了远近闻名的“电脑神童”。

高中时期，扎克伯格便展现出过人天赋。他先在纽约北部的公立高中上到二年级，后转到著名的菲利普艾斯特高中，并在那里升入哈佛大学计算机系。扎克伯格在高中掌握了法语、希伯来语、拉丁语和古希腊语，数学、天文学和物理学成绩突出，计算机才能则令他大放异彩。

在菲利普艾斯特高中时，马克·扎克伯格开发了一款 MP3 播放器插件，它最大的功能是记录人们对音乐的喜好程度，并据此自动排列音乐播放顺序。马克·扎克伯格将这款软件命名为 Synapse，放到互联网上供人们免费下载，备受欢迎。微软公司和美国在线都注意到了这款软件，直接向扎克伯格开价 200 万美元购买 Synapse 的版权，微软公司还向他提供了一份年薪 25 万美元的工作，不过马克·扎克伯格统统拒绝了，径直前往哈佛大学读书。

扎克伯格没有被唾手可得的 200 万美元和微软的高薪工作诱惑，年轻的他只是认为这样很酷。对于许多人来说，名校文凭不过是通往微软等大公司的敲门砖，当一个无需文凭就可以进入微软的机会摆在眼前时，恐怕很难有人会拒绝，毕竟这样做大大缩减了中间环节。扎克伯格放弃了近在眼前的短期利益，去哈佛谋求缥渺的未来。也许，这种冒险的天性就是创业者与求职者天生的区别。

在人才济济的哈佛大学，马克·扎克伯格看上去毫不起眼，牛仔裤、套头衫和橡胶凉鞋是他的固定衣着，即使冬天也不例外。他总是一副无精打采、对外界漠不关心的神情，如同虚幻世界的梦游者，只有在谈起计算机或新点子时才回归现实，然后滔滔不绝地谈论一通便扬长而去。

公开场合或社交场合中，马克·扎克伯格一点也不合群，总是表现出自闭倾向，令人望而远之。他具有极客的典型特征，性格古怪，却能够吸引一批技术狂人，也只有在这群人中间，他才能彻底放松下来，随心所欲，并常常表现出领袖风范，感染和影响了许多志同道合者。

马克·扎克伯格住在哈佛柯克兰宿舍，与克里斯·休斯、达斯汀·莫斯科维茨和比利·奥尔森三人共同分享三楼的一个套间。四个年轻人分别就读于不同专业，在马克·扎克伯格的影响下，其余三人都对计算机编程产生了兴趣。克里斯·休斯，达斯汀·莫斯科维茨，甚至成为马克·扎克伯格的追随者，马克·扎克伯格打造 Facebook 的过程中，他们充当了联合创始人的角色。

创意源于趣味

2003 年秋天，马克·扎克伯格升入大学二年级。为了给自己找点乐子，他花了大概一周的时间，设计了一款名叫“课程搭配”的软件。这是一款粗糙但富有创意的软件，只要点击课程名称，就能显示有多少人报名上课，并将人名一一列出。如果点击人名，就能看到他都选了哪些课程。

这个软件虽然是为了摆脱无聊，但无疑具有很强的实用性，可以清楚地显示每个学生的课程列表，以便制订自己的课程表。扎克伯格赶在选课之前制作完成，一经推出便广受好评。

受此激发，扎克伯格又萌生了新的想法，并马不停蹄地投入设计。一个月后，他推出了 Facemash。

这是一个容纳了部分哈佛学生照片的小型网站。随机选出两组同性同学的照片，让用户进行打分，人气高者胜出，进入下一轮，与人气更高的同性选手 PK。这个创意来自扎克伯格一次不成功的恋爱经历。他将从女朋友那里受到的挫折转化为对她的厌恶，萌生了将她与动物对比的想法，后来在舍友比利·奥尔森的建议下，改为将人类之间相片吸引力的比较①。

---

① 出自大卫·柯克帕特里克所著《Facebook 效应》一书，华文出版社 2010 年版。

马克·扎克伯格连续开发了 8 个小时，设计出网站架构。然后，他利用计算机技术和朋友的帮助，成功地从校园局域网下载到哈佛本科生入学时拍摄的电子照片。这些照片被保存在学生宿舍的花名册（Facebook）中，扎克伯格获取了 9 栋宿舍的学生照片，将它们传入 Facemash。

2003 年 11 月的一个周末，扎克伯格将 Facemash 网站上线运行。他在网站主页上写下这样的话：“我们会因为长相被哈佛录取吗？不会。”“别人会评价我们的相貌吗？会的。”随后将网站推荐给几个朋友，让他们帮忙测试一下。Facemash 如此新奇有趣，朋友们忍不住将其发给更多的人，结果 Facemash 在哈佛校园迅速蹿红，扎克伯格当做服务器的笔记本电脑几近瘫痪。

在网站开始运行后的 10 个小时中，大约有 450 名访客对 2.2 万张照片进行投票。最后迫于舆论压力，校方强制关闭了 Facemash。扎克伯格还因版权、隐私等问题违反校规，受到相应的处分。处罚过后，扎克伯格特地买来一瓶香槟，与舍友们庆祝 Facemash 引发的轰动效应。

作为一个大学生摆脱无聊的产物，“课程搭配”与 Facemash 的大受欢迎，实际上反映了某种群体性诉求，那就是对乏味生活的厌恶，对新奇与趣味的追逐。尽管此时扎克伯格创业思路并不明确，他只是觉得“好玩”、“很酷”，但作为典型的唯趣味主义者，他在无意间找到了一条捷径。

Facemash 风波之后，扎克伯格成为哈佛校园的大名人，人们都开始知道，他能搞出些与众不同的新花样。

需求指引方向

风波过后，找马克·扎克伯格合作的人多了起来。哈佛黑人女子协会请他帮忙创建协会网站，哈佛联谊会的创建者找他搭建联谊网站，用以向会员提供各种约会和联谊的信息。扎克伯格几乎来者不拒，一年下来，他居然做了 12 个项目，令他不快的是，“哪个项目都不是我全权负责”。

扎克伯格参与的这些项目或多或少都与交友有关。这既是他以往经历的外延，也为后来创办 Facebook 埋下了伏笔。其中，与哈佛联谊会的合作为马克·扎克伯格惹来了不少是非。

作为哈佛联谊会创始人，双胞胎兄弟卡梅隆·文克莱沃斯和泰勒·文克莱沃斯，以及蒂维雅·纳伦德拉一直梦想着建立一个社交网站，扩大联谊会的规模和会员的活跃度。但他们三个都不善编程，文克莱沃斯兄弟家世显赫，又是四肢发达的划桨运动员，蒂维雅·纳伦德拉只是一个消息灵通的小角色，他从哈佛校报上看到 Facemash 的事情后找到马克·扎克伯格，准备请他编写程序。

2003 年 11 月，扎克伯格同意为其出力，唯一的要求是：不受干涉，有自己的时间表。

在为文克莱沃斯兄弟的哈佛联谊会搭建 Harvard Cnonection 网站的时候，扎克伯格开始着手创建自己的社交网站，即 Facebook——扎克伯格当时并未意识到这有什么不妥，他只是把 Harvard Cnonection 当做众多项目中的一个而已。问题的关键在于，当他对此兴味索然后，没有马上向文克莱沃斯兄弟挑明，而是一拖再拖，以至于 Facebook 早于 Harvard Cnonection 上线。文克莱沃斯兄弟对此十分不满，认为扎克伯格剽窃了他们的创意，并因此陷入无休止的纠缠①。

究竟有无剽窃，当事双方各执一词。关于 Facebook 的创意来自何处，恐怕只有扎克伯格自己才知道，重要的是，确实只有扎克伯格将创意变为现实，并打造了一个 Facebook 帝国。

尽管当时美国已经有了 MySpace、Friendster 等一批抢得先机的社交网站，在社会上掀起轰动性的巨浪，但它们在哈佛似乎并未引起太大的反响。相比之下，哈佛学生更热衷于自身周围的小世界，对于校园社交网更感兴趣。一个表现是，他们向校方建议建立一个在线肖像集，以便在上面搜到入学花名册（Facebook）上的那些照片。这恐怕就是 Facemash 能够迅速走红的潜在原因。

出于版权、隐私等方面的顾虑，哈佛校方迟迟不采取行动。学生们议论纷纷，既然扎克伯格凭一己之力就能建立 Facemash，为什么哈佛做不出在线肖像影集。而哈佛校刊 *The Harvard Crimson* 也在指点江山："只有在网站对自愿上传个人相片的学生进行限制时，许多围绕着 Facemash 出现的麻烦才能消于无形。"② 这恰恰提醒了马克·扎克伯格，他决定自己搭建一个让人们自愿上传相片的网站。他心想，"这样一来，大家就能更多地了解到校园里发生了什么"。

创业毕竟不是一件轻松的事情，任何看似天马行空的行动背后，其

① 文克莱沃斯兄弟后来从与马克·扎克伯格的官司中得到了 5600 万美元的财富，就此罢休。

② 引自大卫·柯克帕特里克所著《Facebook 效应》一书中关于《哈佛深红报》对 Facemash 网站的报道和分析。

实都有来自现实的呼应。当弱者还在一遍遍抱怨找不到创业空间时，行动派早已将困难甩在身后，铿锵上路。

单干还是合伙？

2004年1月11日，马克·扎克伯格花费35美元注册了一个域名：Thefacebook. com。

从名字就不难看出，马克·扎克伯格是想将哈佛宿舍里的花名册（Facebook）搬到互联网上。但这只是冰山一角。花名册只是皮囊，构建基于真实世界的社交网络才是马克·扎克伯格的本意，他要在互联网上打造一个全新的世界，让那些对同学照片充满好奇的哈佛学子们感觉更棒。

创办这样一个网站无疑需要更高级的硬件支持，最起码要有一台可靠的服务器代替扎克伯格的个人电脑，后续运营也是一笔开支。扎克伯格认为，无论财力还是精力，单靠自己一人无法完成。

扎克伯格找到一个创业伙伴，爱德华多·萨瓦林。此人巴西富商家庭出身，属于学生中的富人，热衷交际，擅长沟通，是个受欢迎的家伙。他对赚钱有着天然的兴趣和敏感，对技术却一窍不通。扎克伯格与萨瓦林达成共识，两人各投资1000美元作为启动资金，持股比例二比一。扎克伯格负责与技术有关的所有工作，萨瓦林负责财务和技术外的所有事务。

接下来，扎克伯格一头扎进计算机中，不问世事。他从早先开发的“课程搭配”软件与Facemash网站中获得了不少灵感，还借鉴了包括

MySpace、Friendster 等社交网站以及在线聊天工具 AIM 等软件的优点，架构了全新的社交网络。这使 Facebook 拥有了信息共享、发布通知、建立群组、选课参考、友情互动、社团活动和个人展示等诸多有用且有趣的功能。

2004 年 2 月 4 日，Facebook 上线运行。在主页上有这样一段介绍语："你可以在 Facebook 上：搜寻自己学院的同学；找到自己班级的同学；查找自己朋友的友人；勾画出自己的社交圈子。"

与 Facemash 一样，扎克伯格再次把 Facebook 推荐给自己的朋友、熟人试用，很快有几十人注册。注册方法非常简单，只需要一张个人照片、少量个人信息就可完成，然后就可以在上面寻找朋友、分享信息。扎克伯格成功地将哈佛校方不愿做的事情变为现实！通过熟人圈子，这件事越传越广，人人都知道有一个叫 Facebook 的网站问世了，争先恐后注册成为它的用户。

结果，Facebook 出现井喷式扩张：四天内注册用户增长至 650 人，一天后又有 300 人加入。Facebook 上线一周后，50% 左右的哈佛本科生成为注册用户，三周后，用户数量增长到 6000 人。

随着用户数量急剧攀升，网站运行和维护压力倍增，扎克伯格认为有必要招募助手。室友达斯汀 · 莫斯科维茨愿意担此重任，尽管不善编程，但莫斯科维茨的创业激情打动了扎克伯格。随后股权调整时，萨瓦林股份下降至 30%，扎克伯格将自己的 70% 中分出 5% 给莫斯科维茨。

莫斯科维茨接到的第一项任务，就是把 Facebook 从哈佛大学推广到美国的其他高校。

扎稳营盘再扩张

成为 Facebook 的用户，唯一需要的是一个哈佛大学的邮箱以便注册，这意味着教职员工、校友都可加入，其他学校则被排除在外。这样做可能只是为了在小范围测试，因为扎克伯格从一开始就没打算局限于哈佛，他在 Facebook 主页上称这是“一个在大学社交圈内交结朋友的在线目录”。

Facebook 在哈佛的受欢迎程度超出扎克伯格的预期，不断有外校学生发邮件希望成为注册用户，这两件事都鼓舞他让 Facebook 走出哈佛，将其打造成名副其实的“大学生社交网站”。

扎克伯格首先锁定了三所高校：哥伦比亚大学、斯坦福大学和耶鲁大学。选择它们的原因，是因为这三所学校当时都已经出现同类网站，扎克伯格希望 Facebook 与其正面交锋。假如在这些学校还能获得成功，并取代已有的网站，那么就基本可以确定，“它在其他学校也能所向披靡”。

结果，Facebook 后来居上，迅速超越了所有对手。莫斯科维茨在其中发挥了关键作用。

莫斯科维茨是天生的执行者。他耐力强，不甘落后，从不会显露出不耐烦，而是坚持不懈地努力，朋友们送给他一个亲切的绰号“公牛”。莫斯科维茨从邮箱设置入手，获取外校学生的名单和照片，模仿扎克伯格的做法，按部就班地在外校搭建 Facebook，并适当增加新内容。

2004 年 2 月 25 日、26 日、29 日，Facebook 相继在哥伦比亚大学、

斯坦福大学和耶鲁大学上线。《斯坦福校报》用“Facebook 旋风席卷校园”来形容它的迅猛发展，不到一周时间，将近 3000 名斯坦福大学本科生完成注册。同样的情形出现在哥伦比亚大学和耶鲁大学，Facebook 让对手感到压力重重。

随后的十多天，莫斯科维茨如法炮制，将 Facebook 推广到整个常春藤盟校，所到之处总能引发狂热追捧。在达特茅斯学院，只用了一个白天，超过三分之一的本科生便成为其用户。

2004 年 3 月中旬，Facebook 的注册用户达到 2 万。然而，这只是星星之火，不断有人写信要求 Facebook 进驻自己所在的学校。扎克伯格被大量的邮件搞得疲惫不堪，于是把能说会道、擅长交际的室友克里斯·休斯拉入伙，担任 Facebook 官方发言人；同时为了应付新学校入网的问题，还邀请擅长编程的高中同学亚当·德安杰洛协助莫斯科维茨。

随后不到半个月时间，Facebook 的用户数量突破 3 万，同时在线人数保持在数千人，Facebook 的服务器开始不堪重负。扎克伯格与萨瓦林各注资 1 万美元，并决定投放一些广告，用以改善资金状况。4 月份，Facebook 上第一次出现广告，主要是针对学生的旧货买卖、搬迁服务等。

显然，这一时期 Facebook 的快速上升鼓舞了整个创业团队。与此同时，马克·扎克伯格又能不断吸引新的人才加入，根据他们自身的特长安排职务，Facebook 的管理架构逐渐清晰起来。在扩张与盈利之间，扎克伯格稳妥地选择了后者，Facebook 迈出了商业化的第一步。

毕竟，生存比壮大更重要。对于一个根基尚浅的小公司，没有什么比扎稳营盘更要紧的了。

明确核心优势

几乎在Facebook横扫常春藤盟校的时候，它就引起了投资界的注意。一些投资人致电扎克伯格，表示愿意提供资金助他一臂之力。2004年6月，Facebook上线4个月后，一位金融家筹集了1000万美元，准备投资给这个刚满20岁的哈佛二年级学生。不过，扎克伯格拒绝了。

扎克伯格的理由是：自己没有时间考虑融资，索性统统不考虑。没有把握的事情一概不论，这是避免风险的有效途径。别以为投资人都是善人，在他们和善的面孔背后，是一颗追求利润的心。如果违背他们的意愿，即便创始人也可能被扫地出门，企业界并不缺少类似案例。

从本质上讲，扎克伯格当时还未把Facebook当做一门生意，只把它看成一个项目。他希望做Facebook的主宰者，让它按照自己的意愿发展。任何来自外部的干扰都可能让这颗幼苗夭折，所以有必要保持警惕，远离那些捉摸不透的投资人。在他看来，尽管资金紧张，但可以用广告来维持运转，还不到融资的地步。另外两个股东——萨瓦林和莫斯科维茨对此表示认同。

不久之后，为了便于开展业务，萨瓦林在弗罗里达注册了一家公司，作为Facebook的运营机构，扎克伯格和莫斯科维茨也被写进创始人的行列。萨瓦林履行经理职责，开设了一个银行账户作为公司账户，他自掏腰包存入1万美元作为运营费用，随后便开始四处拉广告。

此时Facebook用户数量已突破10万人，覆盖全美34所顶尖高校，对广告商的吸引力大大增强。一个月后，一家广告代理公司Y2M决定在

Facebook 上投放广告。Y2M 投放的首批广告中包括万事达公司向大学生提供的一项信用卡服务，起初万事达公司对 Facebook 的影响力将信将疑，因此采取了苛刻的合作方式：只有在客户通过 Facebook 上面的广告申请办卡时才支付广告费。结果，在这则广告投放后的一天之内，万事达接到的申请量竟超出其前四个月总申请量的两倍。

Facebook 的平台优势引起了各方注意。Y2M 和万事达公司伸出橄榄枝，表达出了对 Facebook 的投资意向。扎克伯格不为所动，声称至少 2500 万美元起才会谈判，结果把投资者吓跑了。

尽管已开始商业化运作，但扎克伯格对广告要求极其苛刻，只有那些符合条件的广告商才能在他的网站上发布广告。扎克伯格拒绝了高盛银行与美世咨询诱人的广告价码，只因他们的广告太过严肃和商业化。平心而论，扎克伯格无意投放广告，但顾及网站生存，也不得不做出适当妥协。即便如此，他仍表现出强烈的主导意味，对广告形式、尺寸、标题等，做了强制规定。他似乎要让那些财大气粗的广告主明白，在 Facebook 的世界里，自己才是规则的制定者。

在某种程度上，扎克伯格的固执让 Facebook 避免了过度商业化，得以保持幽默风趣的俏皮风格。如果为得到广告费而放弃这些引人入胜的特质，则无异于“杀鸡取卵”。

找到对的伙伴（上）

2004 年暑假，扎克伯格、莫斯科维茨带领几个助手，来到加州的帕洛阿尔托，准备在这里待上一段时间。在扎克伯格看来，“帕洛阿尔托有点像一块圣地，所有的应用科技都发源于那里”。他原本只为一探究竟，却不期遇上了肖恩·帕克，并将 Facebook 带到一个无比重要的关口。

肖恩·帕克是那个时代的创业偶像，也是一个桀骜不驯、离经叛道的花花公子，还是一个被投资人驱逐的悲情人物。早在 1999 年，中学生肖恩·帕克便成为肖恩·范宁创办 Napster 的得力干将，在互联网浪潮中饱经洗礼。2000 年，由于不当言辞损害了公司利益，肖恩·帕克被逐出 Napster 管理层，于是出来单干，和两个伙伴创办邮件服务型网站 Plaxo，很快筹集到数百万美元的投资。这一次，肖恩·帕克将随心所欲的生活方式带到工作当中，Plaxo 被他搞得一团乱麻，毫无条理。于是，他再次被董事会炒了鱿鱼，股份也化为泡影。

肖恩·帕克从 19 岁退学参与 Napster 创建，再未继续学业，在商业的浪潮中历经沉浮荣辱，已然是商场老手。虽然在技术设计上，他与扎克伯格有相似之处，都是那种为了一个想法而忙得天昏地暗的技术狂人，但他在商业上的见识和生意场的经验却不是青涩的扎克伯格所能比拟的。

2004 年 3 月，扎克伯格推出 Facebook 才一个月，肖恩·帕克便闻风而动。他给扎克伯格发了一封电子邮件，大意是说自己认识许多著名投资人，可以帮他引荐。一个月后，扎克伯格、萨瓦林与肖恩·帕克在纽约的一家华人餐厅会晤。扎克伯格与帕克一见如故，当时便认为他就是那个能将 Facebook 带向成功的人，而萨瓦林却对这个夸夸其谈的家伙无甚好感。

扎克伯格率队来到加州的这个暑假，萨瓦林借口寻找广告客户而留在了纽约，同时他还在华尔街的一家投资银行做实习生。这为帕克进入 Facebook 管理层预留了空间，也给公司重组创造了条件。

肖恩·帕克出手大方、人脉广泛，在公司创建和运营方面经验丰富，与投资人打交道的能力也令人佩服有加。扎克伯格相信，帕克能够帮助自己识别风险，将 Facebook 引领到正确的轨道上去。因此，扎克伯格愈发与帕克亲近，2004 年 9 月任命他为 Facebook 总裁。

找到对的伙伴（下）

帕克果然为 Facebook 带来了生气。他引入了一些更为成熟的技术和人才，代表扎克伯格与投资人进行谈判。更重要的是，他一手构建了一个清晰合法的公司架构：帕克在特拉华州重新出资成立了一个公司，Facebook 作为公司核心资产，扎克伯格担任首席执行官，并拥有大部分专利。

扎克伯格与莫斯科维茨将自己在弗罗里达的公司权益转让给了新公司，这样一来，萨瓦林注册的那家公司便成为一个空壳。在新公司：扎克伯格占股 51%，萨瓦林占股 34.4%，莫斯科维茨持股比例上升到 6.81%，肖恩·帕克为 6.47%。所不同的是，萨瓦林的股权只是普通股①。

作为联合创始人，萨瓦林对 Facebook 重组一事毫不知晓。他事后对此大发雷霆，径直冻结了佛罗里达公司的账户。当时 Facebook 正值发展

① 据《Facebook 效应》一书披露：爱德华多·萨瓦林的股权属于普通股，扎克伯格和莫斯科维茨、肖恩·帕克的股权则属于结构性防稀释的优先股。后来，经过几轮融资，爱德华多·萨瓦林的股份被严重稀释，不足 10%。萨瓦林一怒之下将扎克伯格告上法庭。最终，爱德华多·萨瓦林得到一大笔和解金，同时作为联合创始人被写入公司历史，并获得了 7% 的股份。

关键时刻，萨瓦林切断公司财源导致运营濒临停滞，扎克伯格不得不自掏腰包，两人之间的裂隙加深了。

相比萨瓦林，扎克伯格与肖恩·帕克更加亲近，这不仅出于个人喜好或者因为帕克比萨瓦林经验丰富。萨瓦林自始至终都把 Facebook 当做一门生意，他在骨子里是一名精打细算的商人，盘算从前期投资中获得收益，这样的人，可以共富贵，难同患难，一旦形势不利，就可能甩手走人；肖恩·帕克则不同，某种程度上，他对技术、产品和服务的执著不亚于扎克伯克格，他吃过投资人的亏，懂得什么对一家成长中的小公司更重要。

帕克与萨瓦林的根本区别在于眼光，在这方面，扎克伯格与他的观点一致。出于对公司远期利益的考虑以及规避风险的本能，在帕克与萨瓦林之间，扎克伯格其实已做出选择。

理性看待初始股

2004 年夏天，由于学生放暑假，Facebook 用户增长量有所放缓，但用户总数仍达到 20 万。扎克伯格预见到秋季开学后将爆发新一轮增长，他无法估算增长幅度，但直觉告诉他，不能错过这个机会。

暑假结束后，扎克伯格与莫斯科维茨留在了加州帕洛阿尔托，其他人则回到哈佛校园继续未竟的学业。两年前，18 岁的扎克伯格曾经拒绝了微软的 200 万美金和高薪工作，入读哈佛计算机系；而此时，为了 Facebook的未来，扎克伯格果断放弃了哈佛指日可待的学业。

随着开学日期的临近，全美各地大学纷纷要求加入 Facebook，一些狂热的学生甚至直接到帕洛阿尔托的总部去请愿。在业务扩张的压力下，Facebook 服务器已不堪重负，扎克伯格一筹莫展。掌控财政大权的萨瓦林拒绝解冻账户，扎克伯格不得不继续垫钱。他还从父母那里借来 6 万美元，用以维护服务器，但这只是杯水车薪，如果不增加服务器，Facebook 有可能崩溃。

扎克伯格清楚，只需要几十万美元就可以让 Facebook 走出困境。而实际上，这并不难办到，跟在他后面的投资人难以计数，只要他愿意，立刻就能获得上百万美元的投资。但扎克伯格同时也非常明白这样做的代价——投资人会轻而易举拿走 Facebook 部分股权。发生在肖恩·帕克身上的事情让他对风险投资保持警惕——他可不想因意见相左而被投资人踢出自己一手创办的公司，为了购买服务器的几十万美元，冒如此大的风险，实在不够明智。

对于那些富有成长潜力的创业型公司，初始股无疑是珍贵的。创始人对公司股权的珍视无可厚非，但应该看到，这也是吸引投资人的所在，毕竟没人愿意为业绩平平、前景黯淡的公司花钱。

扎克伯格对风险投资的警惕源于对控制权的保护本能，但仅凭他的财力终究无法改善 Facebook 的处境。事情已经发展到了一个临界点，如果有外部资金注入，Facebook 整体价值的提升甚至可以抵消股权割让的遗憾。扎克伯格很快意识到了这点，现在的问题是：要找个靠谱的投资人。

掌握公司控制权

肖恩·帕克在融资方面发挥了巨大作用。他为扎克伯格介绍了雷德·霍夫曼、彼得·泰尔等投资人。前者同时是社交网站 Linkedln 创始人，后者是专业投资人，主要投资创业型公司。

2004 年秋季的一天，扎克伯格穿着牛仔裤、T 恤衫和人字拖走进了彼得·泰尔的办公室。他没有因为正式场合而穿正装，也不是为了故意引起投资人的注意而故意邋里邋遢，一切都是那么自然，全非刻意为之。扎克伯格以本来面目示人，没有不懂装懂，交谈中遇到不懂的问题便虚心请教。这反倒给彼得·泰尔留下良好的印象，认为这是一个“值得支持的企业家”。

几天之后，彼得·泰尔同意向 Facebook 投资 50 万美元，获得 10% 的股份，这使 Facebook 估价达 500 万美元。泰尔认为，这是“非常合理的估价”。相比其他投资人的出价，这个价码稍低，但扎克伯格通过几天的交流发现，彼得·泰尔不是那种干涉公司经营的投资人，他的加入将令整个公司获益。于是，扎克伯格接受了彼得·泰尔的投资，泰尔进入公司董事会。

雷德·霍夫曼等也向 Facebook 进行了小额注资，大约 10 万美元，进一步压缩了创始团队的股份。之所以接受他们，是因为扎克伯格看中雷德·霍夫曼等人在创建社交网站方面的丰富经验以及持有的社交网站的执照。对于 Facebook 来说，这些无形的财富可以规避许多成长误区。

这一轮注资完成后，Facebook 进行了重新架构。董事会增加到四个席位，彼得·泰尔、肖恩·帕克和扎克伯格各占一席，剩余一席暂时空缺，由扎克伯格掌控。这样一来，扎克伯格便控制了董事会的半数席位，在制度上保证了未来的投资者无法控制公司。对此，彼得·泰尔认为没有什么不妥，肖恩·帕克表示全力支持，他可不希望发生在自己身上的悲剧在扎克伯格身上重演。

肖恩·帕克此时已经被视为创始团队中的一员，拥有了不被质疑的权威。莫斯科维茨认为，帕克吃过苦头，知道如何组建一家公司，如何获得融资，“能够设法保护我们的利益”。

避免误入歧途

莫斯科维茨和帕克将全副精力投注到 Facebook 上，但对扎克伯格来说，Facebook 并非他的全部。

在创办 Facebook 的同时，扎克伯格与两位好友麦克科伦和德安杰洛一起编写了一款程序 Wirehog。这是一款分享软件，可以上传图片、音频和视频，扎克伯格有信心让它与 Facebook 并驾齐驱。他专门成立一家公司来运作 Wirehog，一共五位股东，除他自己外还有两个搭档——麦克科伦和德安杰洛，以及并不怎么看好这个项目的莫斯科维茨和肖恩·帕克。

莫斯科维茨和肖恩·帕克主管 Facebook，麦克科伦和德安杰洛负责 Wirehog，扎克伯格统掌全局。肖恩·帕克认为，“Wirehog 是一个很糟的点子，会分散我们大量精力，不应该继续发展它”。但扎克伯格认为，Wirehog 的分享功能对 Facebook 是一种补充，他试图把两者结合起来。

2004 年 11 月，Wirehog 正式上线运行。在 Facebook 主页上，专门有一段文字对其进行说明：“Wirehog 是一个社交用途的应用程序，使朋友们可以通过该网站互相交流各种类型的文件。Facebook 和 Wirehog 是兄弟公司，因为 Wirehog 知道你的朋友是哪些人，这样就可以确保只有你的网络中的那些人可以看到你的文件。”可见，Wirehog 有意借助 Facebook 实现互动。

Wirehog 的许多功能对 Facebook 用户来说过于复杂，因此并不受欢迎。更要命的是，Wirehog 在版权上留有隐患，如果 Facebook 用户通过它下载软件，很可能因此陷入版权纠纷。认识到这个事实，扎克伯格随即把 Wirehog 关闭了，他已经在这上面花了太多的时间和精力。

三心二意不是什么好事，过多的杂念甚至可能导致满盘皆输。如果两个念头同时涌动，不妨先将胜算大的那个做好，否则赔了夫人又折兵，而避免越陷越深的办法就在于发现错误后立即纠正。

融资误区和技巧

苹果公司、派拉蒙影业开始在 Facebook 上投放广告。此外，Facebook 也向个人用户提供广告发放服务，收费每天 100 美元。零散的广告让 Facebook 暂时财务无忧，却无法满足长足扩张的需求。

2004 年 10 月 30 日，Facebook 用户数量达到 100 万，这时，它才成立 10 个月。越来越多的投资者致电扎克伯格，希望为 Facebook 提供风险资金。扎克伯格无意引资，他拒绝了包括红杉资本在内的多家风投，是因为“我确实不想接受风险投资的注资，我不想按这一整套硅谷公司的模式来”。

总之，扎克伯格不希望别人干涉他的业务，他要自己执掌 Facebook 的航向。

但随着第一轮融资即将花光，如果扎克伯格不希望 Facebook 停滞不前，他就必须引入外部投资。一个偶然的机会，扎克伯格接触到华盛顿邮报公司的CEO丹·格雷厄姆。后者告诉他："如果想要一个非风险投资的投资方，或者一个不向你施压的投资方，我们或许有意为你的公司注资。"

正当华盛顿邮报公司与Facebook就投资事项密切接触时，维亚康姆集团向Facebook抛来橄榄枝。维亚康姆集团愿以7500万美元直接收购Facebook，扎克伯格放弃了这个成为千万富翁的机会。与此同时，精明老道的肖恩·帕克故意将此事透露给华盛顿邮报公司。华盛顿邮报公司很快表明态度：以600万美元购买Facebook 10%的股份，Facebook的估价达到6000万美元①。

然而，尘埃尚未落定，阿克塞尔合伙风险投资公司开出更高的价码。阿克塞尔公司将Facebook估值抬高到1亿美元，愿意花1270万美元入股，比华盛顿邮报公司的出资额高出一倍还多。

在与阿克塞尔公司的合伙人吉姆·布雷耶见面第二天，扎克伯格致电丹·格雷厄姆，想听听他的意见。接到扎克伯格的电话，丹·格雷厄姆的第一反应就是，"对于一个20岁的小子来说，真不错——他打电话来并不是告诉我，他准备接受其他公司的投资，而是找我商量"。

丹·格雷厄姆询问这笔投资对Facebook的重要性，扎克伯格告诉他，有了这笔钱可以更好地防止财务问题。最终，丹·格雷厄姆鼓励他："去吧，接受他们的投资，把公司发展好！"

---

① 维亚康姆集团是美国领先的传媒集团，与华盛顿邮报公司在许多领域存在竞争。肖恩·帕克正是利用了这点，催促华盛顿邮报公司尽快出价，使双方围绕Facebook形成竞争，从而抬高了Facebook的估值。

Facebook 接受了阿克塞尔公司 1270 万美元的注资。与此同时，肖恩·帕克重新架构了公司董事会，增至五个席位，吉姆·布雷耶和彼得·泰尔各占一席，帕克占一席，扎克伯格控制两席，保证对 Facebook 拥有绝对控制权。吉姆·布雷耶对此没有异议，让扎克伯格放心大胆地经营①。

借助资本的力量

阿克塞尔公司的巨额注资为 Facebook 提供了长足发展的本钱，2005 年秋天 Facebook 已经覆盖了全美 85% 的大学生。2005 年 10 月，Facebook 用户数量达到 500 万，每天点击量高达 2.3 亿。

2006 年 2 月，应高中生要求，Facebook 向全美高中开放，而不再局限于大学。两个月后，Facebook 的高中用户突破 100 万。5 月，Facebook 进入印度高校。8 月，Facebook 向德国高校和以色列的高中开放。2006 年 9 月，Facebook 向所有互联网用户开放，只需要有效邮箱便能注册，用户数量迅速达到 1000 万。到 12 月，Facebook 上长期活跃的用户数量突破了 1200 万。

期间，扎克伯格拒绝了一笔 7.5 亿美元的收购，并于 2006 年 4 月完成新一轮注资，获得 2500 万美元的投资。进入 2007 年，Facebook 在不

① 后来肖恩·帕克无节制的行为致使 Facebook 名誉受损，在吉姆·布雷耶的排挤下，他被免除了总裁职务，并被驱逐出董事会。肖恩·帕克第三次被自己参与创办的公司驱逐，不过这一次，他在临走前设置了一些条款来保护自己和扎克伯格。肖恩·帕克将他原有的董事席位给了扎克伯格，使他控制了五个董事席位中的三席，而帕克自己只保住了原有的一半优先认股权。时至今日，扎克伯格仍与帕克保持着良好关系。

断完善服务的同时开始接受第三方应用软件，打造互联网开放平台。随着点击率的攀升，Facebook 在 2007 年 9 月进入全美十大网站之列。

随后两年，Facebook 进入高速增长期。随着 Facebook 不断在全世界各个国家和地区开通，其逐渐覆盖了全球各大洲，注册用户量数以亿计。2009 年年底，Facebook 注册用户达到 3.5 亿，成为全球第四大网站。Facebook 深深植入人们的生活，马克·扎克伯格在自己官网声称："如果 Facebook 是一个国家，将是世界上人口第八多的国家，略多于日本、俄罗斯和尼日利亚。"

与此同时，Facebook 被资本市场持续热捧。2009 年，来自俄罗斯的投资巨头 DST 向 Facebook 注资 2 亿美元，获得 2% 的股权，Facebook 估值达 100 亿美元。2011 年，DST 联手高盛再次向 Facebook 注资 5 亿美元，占股 5%，意味着对 Facebook 的估值达到 500 亿美元。

2011 年，扎克伯格在公开场合透露 Facebook 用户数量突破 8 亿，成为全球第一大社交网站。身为 Facebook 首席执行官，27 岁的扎克伯格以 40 亿美元身价，成为世界上最年轻的亿万富翁，还被《福布斯》评选为全球最有权力的商业领袖之一，而他依旧是 Facebook 公司上班最早、下班最晚的人。

梦幻故事与现实泥土

Facebook 已拒绝了多笔投资或收购，并一再延迟上市时间，2012 年它终于向美国证券交易委员会提交了上市申请，计划公开筹资 50 亿美元。如果一切顺利，它将刷新 Google 在 2004 年创造的 19 亿美元的互联网公司 IPO 纪录。作为公司创始人和大股东的马克·扎克伯格还可能以全球最年轻的亿万富翁的身份，跻身全球十大富豪行列。此时，他不过才 28 岁。

这可真是一个梦幻般的故事！它几乎具备了这个年代一切令人想入非非的元素：白手创业、年轻有为、巨额身家……它并非海市蜃楼，也不是碰巧走运，耀眼光环下，有其现实泥土。

扎克伯格不是一个好学生，至今也没有显现出过人的领导才能和企业家气质，但这并不妨碍他作为创业者带领 Facebook 走向成功。与大多数创业型公司一样，Facebook 也经历过挫折、煎熬和迷茫，扎克伯格为其付出无数时间、精力和心血，甚至不惜与合伙人决裂。他是个能干、肯干的人，即便今天，通宵达旦地编程对他来说仍是家常便饭，但这些都不是我们讨论的重点。

就像人们常说的那样，努力不一定成功，不努力肯定不能成功。Facebook走到今天这一步，除了必不可少的汗水、冥冥之中的运气，还有其他更隐蔽的硬性因素，比如创始人的极客基因、团队的血液更新、资本注入、公司架构以及行业潮流的助推。这些综合因素共同促使Facebook从草创团队向高效组织进化，逐渐形成自我更新的能力，以内生力量破茧而出。

自古以来，交流便是生命本能，催生繁杂多样的行为，其中更蕴含无数商机。人类世界进入到互联网时代后，释放出了交流的无限可能。光纤、电缆把一台台计算机链接起来，借此实现信息传递，当人加入其中，便有了语言的交流和思想的碰撞。另一方面，人们总是呼唤更便捷高效的方式，对分享与沟通的渴求推动着互联网创新，这正是 Facebook

得以存在并迅猛壮大的原因。

Facebook从哈佛到常春藤盟校，从全美到全球，急速膨胀的用户基数证明了其存在的必要。可以说，Facebook找到了一条被人们认同、接受的交流途径，它是符合时代潮流的。

符合潮流是一回事，生存下去则是另一回事。如果没有一个执著的创始人、一支抱有相同价值观的团队以及宽容的创新空间和宽松的资本环境，Facebook可能无疾而终。在它之前，仅常春藤盟校就有若干校园社交网站，更不用说货真价实的MySpace和Friendster了。

扎克伯格钟爱他的网站，除了为之日夜编程，另一个表现是，不容外部势力影响它的形式和内容。他具有极客的典型特征，对技术如痴如醉，属于工作起来便没日没夜的那种人，并具有独特的审美视角和产品观念，追求趣味和快乐，产品首先要“酷”，然后才是其他。

扎克伯格会因为气味不投而将广告商拒之门外，不会为了虚假的和平向合伙人爱德华多·萨瓦林做出丝毫让步。他最爱的是他的网站，其他一切靠边站。萨瓦林的出局和肖恩·帕克的加入都是出于公司健康发展的需要，而当肖恩·帕克贡献完自己的力量后，他便坦然接受了出局的命运。

肖恩·帕克重新架构了Facebook，这对其产生了深远影响——不仅使之成为一家现代化公司，进入规范、高效运行的轨道。更为关键的是，帕克以自身经历引起扎克伯格对风险资本的惊觉，并在公司架构上出谋划策，为扎克伯格保有Facebook控制权建立了合法基础。

作为创始人，扎克伯格是Facebook当之无愧的灵魂，但从才能上看，他并不适合管理一家公司。好在肖恩·帕克建立的全新的公司组织，令他得以选贤任能，聘请雪莉·桑德伯格作为首席运营官。后者把Facebook从财务困顿中解救出来，将流量、用户与平台，转化为广告、游戏和现金流。由此使Facebook的盈利能力迅速提升，对投资人的吸引力同步增加。

最后一点，资本环境对创新的包容、对创业的培育，从外部支撑着Facebook一路渐行渐远。当然，随着Facebook的上市，资本也将获得丰厚回报。这本来就是一个多赢的结局。

小结：扎克伯格的偏执与理性

扎克伯格有着对兴趣与爱好的偏执追求。从Synapse到Facemash，再到Facebook，他对技术的执著令人印象深刻。他代表了典型的极客主义，即技术至上主义，甚至为此屡屡放弃巨额收购。

可以确定，扎克伯格连续创业成功，是拜不间断的灵感与强大的创造力所赐。但同时更应该看到，他对待资本的理性态度保证了企业的控制权，这是肖恩·帕克入局与爱德华多·萨瓦林出局的根本原因。扎克伯格对创业伙伴的选择和抛弃并非完全出自个人恩怨，而是立足当下，着眼于企业的长远发展，既不为人情世故所累，也不被资本所惑，在资本与控制之间取得了适当的平衡。

如果说创造力是连续创业的本源，那么，理性心态则是保证企业步入正轨、良性运行的潜在因素。扎克伯格恰恰具备了这两项素质，所以才能不断冒出新点子，并将之付诸实现。

扎克伯格的启示在于：

一是执行力与创造力同样重要。校园社交网站并非扎克伯格首创，起步早者大有人在，比如文克莱沃斯兄弟。此外，全美其他高校也有类似网站。然而，Facebook 从无到有，从小到大，最后风靡世界，令他者相形见绌，当中最关键的因素是扎克伯格的高度执行能力。扎克伯格同时进行着许多创意和项目，与其说是在“乱枪打鸟”，不如说在其中寻找创造的快乐，那才是他人生的常态。搭建Facebook期间，扎克伯格昼夜奋战，不知疲倦，将创意变为现实，对技术的狂热与创造的偏执成就了 Facebook 的步步壮大。

二是分工与协作。扎克伯格非常清楚自己的专长与不足，所以才邀请萨瓦林加入，一同创业。在当时，萨瓦林的确是扎克伯格所能接触到的最合适的合伙人，他在 Facebook 早期的作用与扎克伯格的眼光一样重要。退一步讲，扎克伯格需要他这样一个精明人打理日常事务。

三是与高人为伍。随着环境的改变，扎克伯格发现萨瓦林成为整个团队中的短板，比他高明、合适者大有人在。对于一家成长中的创业型公司来说，需要有经验的领路人，于是有了肖恩·帕克的入局与爱德华多·萨瓦林的出局。后来，肖恩·帕克在完成自己的使命之后再一次从 Facebook 出局，其实也是基于同样的道理。公司总是渴求更优秀的人才，优胜劣汰在所难免。

四是保持控制权。唯一不变的是扎克伯格对 Facebook 的控制权，这是他从肖恩·帕克身上汲取到的最重要的教训之一。控制权是公司所有权的反映。从根本上讲，创始人总是希望保持原始股份，只是由于资金问题而不得不引入外部投资，在这个过程中，他们常常处于被动地位，甚至丧失控制权。一个重要的原因是，他们在财务不佳时才想起引资，导致公司估值过低，客观上为投资方提供了乘虚而入的机会。当然，这并非说濒临危机时不应引入外部资本，而是说要妥善地筛选投资人。有时候，一个志趣相投的投资人可以将公司领出迷途。

安迪·鲁宾：一个极客的旁白

促使我不断前进的动力是我能通过 Android 接触许许多多的人，如果有 31 亿人在用手机，那么这就是接触人们的伟大途径。

——安迪·鲁宾

创业路径：WebTV 网络公司→Danger 公司→Android 公司

兴趣是动力的源泉

安迪·鲁宾是美国科技界炙手可热的人物，他开发的 Android 手机系统是这个星球上当今最火热的事物之一。在 Android 系统的猛烈冲击下，全球手机市场重新洗牌，诺基亚、RIM 等老牌手机巨头日落西山，来自台湾的 HTC 借势而起，摩托罗拉、三星再现峥嵘，苹果公司遭遇挑战……

作为 Android 之父，安迪·鲁宾最显赫的身份是谷歌副总裁，甚至可以说，他是改变全球 IT 产业格局的人之一。在 IT 发展史上，Android 的作用甚至可以与 Windows 媲美，正如当年微软在 PC 市场的崛起，凭借 Android 系统的迅猛发展，谷歌在平板电脑、智能手机等领域抢滩登陆。而安迪·鲁宾与比尔·盖茨相提并论，就连史蒂夫·乔布斯生前对他也敬畏三分。

抛开这些耀眼的光环，安迪·鲁宾的身份是发明家、硅谷极客、机器人爱好者、电子产品发烧友、30余项专利的所有者，以及两家小公司的创始人。一步步走来，从一无所有到权倾天下。支配他不断前进的源泉，是骨子里对电子产品的热爱，是发明创造的本能。

1963年，安迪·鲁宾出生于纽约上州[①]查帕瓜镇。在他刚开始记事的时候，电子浪潮席卷整个美国，引发创业风潮，做心理学家的父亲改行经商，创办了一家电子产品直销公司。

在这样的家庭环境中，鲁宾比其他孩子更早、更多地接触到电子产品。父亲将最新的电子产品拍照建立产品目录，之后它们便统统成为鲁宾的玩具。鲁宾从小就被包裹在一个电子产品构成的奇妙世界里，他的卧室总是挂满了最新的设备，在潜移默化中，对电子产品的热爱深入骨髓[②]。

鲁宾在学生时代并不出众，就读的学校也属于普通水平。他在查帕瓜镇上的Horace Greeley高中读了4年书，1981年进入纽约一所私立大学尤蒂卡学院，花了5年时间才拿下计算机科学学位。

学院式的理论研究并非鲁宾的特长，商业性质的科学发明才是他的兴趣所在。1986年大学毕业后，鲁宾在世界上最古老的光学设备制造商，鼎鼎大名的卡尔·蔡司公司获得一份工作。由于自动化方面的特长，在卡尔·蔡司公司，鲁宾担任机器人工程师，后来被派遣到瑞士领导一项机器人项目。如果不是一次偶然的经历，他或许还要在这家德国公司

---

① 纽约上州，译自英文Upstate New York，并非真正的州，而是纽约州的一部分，习惯上将纽约市以北的整个纽约州都称为纽约上州。

② 翻译自维基百科“Andy Rubin”条目。

打拼多年。

1989 年夏天，鲁宾到开曼群岛度假。一天深夜，鲁宾遇到一个露宿街头的家伙，从衣着看此人并非穷困之辈。在好奇心驱使下，鲁宾与他交谈，得知他被女朋友赶出住处，由于事出仓促，来不及准备钱财，一时间竟无处落脚，只能夜宿街头。鲁宾善心大发，为他找到一个住处。

感念之余，此人慷慨许诺，可以引荐对现状不满的鲁宾到自己所在的公司——苹果公司。

全力投入挚爱之物

1989 年，假期结束不久，鲁宾就成为苹果公司的员工。此时，苹果创始人史蒂夫·乔布斯已经被驱逐出去，担任首席执行官的是百事可乐原总裁约翰·斯卡利，在他带领下，苹果公司正四面扩张。

在那个年代，苹果公司是极客的天堂，发明家的乐园。财力丰盈的苹果公司鼓励技术创新和发明，并致力于将它们推向市场。同时，管理的散漫为奇思妙想提供了生存空间，催生出各种奇妙的点子。从呆板沉闷的德国公司跳槽到活力四射的苹果公司，鲁宾尘封的灵感被成功激活了。

在苹果公司，鲁宾参与了多项革命性产品的研发，其中包括世界上第一部无线 PDA、第一个软 Modem。可惜，从 1989 年鲁宾入职开始，苹果公司就开始走下坡路：管理上的弊端逐渐暴露出来，前景黯淡，财务堪忧，一些很好的创意得不到重视，许多工程师心生离意。

1992 年，鲁宾从苹果离职，加入一家名叫通用魔术（General Magic）

的公司。该公司前身是苹果通讯设备部门，创始人是比尔·阿特金森、安迪·哈兹菲尔德和马克·波特。他们都曾是苹果员工，由于开发的手机项目无法获得苹果管理层的认同及资助，1990 年从苹果脱离出来独立运营。到 1992 年时，已经在业界小有名气，与摩托罗拉、索尼、飞利浦等建立市场关系。

通用魔术公司的核心业务是智能手机操作系统，鲁宾之前曾参与这个项目并显示出了出色的研发能力，他的到来令公司实力倍增。虽说是后来者，鲁宾的热情和投入丝毫不逊色于创业者。他在办公室搭床，吃住都在那里，与马克·波特等人夜以继日开发 Magic Cap 系统。

1995 年 2 月，通用魔术公开上市，在投资者的追捧下，上市当天股价翻了一番。然而由于 Magic Cap 系统过于超前，无论是以摩托罗拉代表的硬件厂商，还是 AT&T 等通讯运营商都无法接受，通用魔术很快陷入绝境。最后，创始团队不得不将公司转让给他人，逐渐转向其他领域。

饭碗与兴趣哪个更重要？

1995 年 7 月，从通用魔术辞职的史蒂夫·帕尔曼、布鲁斯·李可与菲尔·高盛三人创办了 Artemis 研究中心，即 WebTV 网络公司的前身。由于人手不足，他们从之前的公司那里大量招募员工，很快发展成了 30 人的团队。作为前同事，安迪·鲁宾应邀入伙，担任技术工程师。

Artemis 网站声称其研究范围是：“失眠、厌食、社交恐惧以及自闭等问题。”但实际上这只是为了掩饰业务性质，其实际业务是开发针对电视观众的瘦客户端[①]，以便他们能够从网络上选择性收看电视节目，核心产品是一个可以通过电话线、调制解调器连接互联网的电视机顶盒。

1995 年 9 月，Artemis 获得第一轮融资 150 万美元，不久更名为 WebTV 网络公司，横空出世。安迪 · 鲁宾继续那种无休止的研发生活，他甚至将床搬进了办公室，并获得了多项通信专利，WebTV 机顶盒商品化成为现实。WebTV 网络公司与飞利浦、索尼等国际巨头建立合作关系。WebTV 机顶盒分别以 349 美元和 329 美元的价格出售给索尼和飞利浦，一套无线键盘额外收费 50 美元，每月服务费为 19. 95 美元，允许用户在电视屏幕上浏览网页、收发邮件。

起初，市场反应冷淡，到 1997 年 4 月，只有 5. 6 万用户。但随着市场逐渐认可，用户数量迅速攀升。1997 年秋季，仅仅过了半年时间，用户数量便达到 15 万。这年，营业收入超过 1 亿美元[②]。

WebTV 网络公司迅速地引起了各界的关注。正致力于构建网络电视产品与服务的微软将其视为兼并对象，比尔 · 盖茨亲自出马谈判，最终以 4. 25 亿美元将其收购。作为微软位于硅谷的分公司，安迪 · 鲁宾继续留在 WebTV 网络公司。随后，在微软的强力后盾支持下，WebTV 获得了飞速成长，用户数量在 1998 年突破 30 万，1999 年达到 80 万，发展势头一派良好[③]。

WebTV 的崛起，离不开包括鲁宾在内的创业元老的付出。然而，就在 1999 年，由于一个过错，鲁宾丢掉了饭碗。事情的起因是，鲁宾制造

---

① 瘦客户端（Thin Client）指的是在客户端—服务器网络体系中的一个基本无需应用程序的计算机终端。它通过一些协议和服务器通信，进而接入局域网。

② 数据来自 1999 年 4 月 *Harvard Business Review* 封面文章“Steve Perlman and WebTV（A & B）”。

③ 数据来自 1999 年 4 月 *Harvard Business Review* 封面文章“Steve Perlman and WebTV（A & B）”。

出一个装有摄像头和麦克风的机器人，在公司内到处游荡。有一次，控制机器人的计算机被黑客入侵，虽然没有造成实质性损失，却吓坏了微软安全部门。他们勒令鲁宾将这个机器人处理掉，鲁宾未予理会，而是选择了辞职。

光有好想法还不行

在苹果公司、通用魔术和 WebTV 的工作经历拓宽了鲁宾的产业视野，同时让他积累了深厚的技术基础，也结交了大批志同道合的工程师朋友，为随后的创业提供了宝贵的资源。

1999 年，从 WebTV 离职之后，鲁宾在硅谷中心城市帕罗奥图成立了一个实验室，开始了一段短暂的自由散漫的极客生活。实验室摆满各式各样的机器人，鲁宾一天的大多数时间就在这里度过。沉浸其中，鲁宾对电子产业的兴趣复燃了，不分昼夜地构思开发各种新奇的电子产品。

当时正是互联网经济巅峰，硅谷充斥着各式各样的互联网公司，但人们对互联网的应用大多局限在电脑上。鲁宾认为，这些硬件其实并不能满足人们对互联网的个性化需要，于是设计了一款手机大小的设备，可以用来扫描物品，将图片上传到互联网，以便发掘更多的关于这些产品的信息。这款被鲁宾称为“数字化海绵”的设备定价 10 美元，但由于商业前景不被投资人看好，仅凭鲁宾个人的财力，显然无法将之大规模生产，最终只得胎死腹中。

此事让鲁宾意识到资金的重要性。有时候，仅凭一个好点子还不足以吸引投资人，如果有一家正规的公司来运作，在财务上进行完善，再加上一款出众的产品，也许不难赢得投资方的认可。

找准市场定位

2000年，鲁宾与两位前同事联手创办了Danger公司，致力于研发移动平台、软件、服务和设备。

鲁宾将之前那款不成功的产品进行二次研发，增加了无线接收器和转换器以及许多新功能，并植入自行开发的DangerOS系统，使之摇身一变，成为一款拥有全键盘、大屏幕的智能手机。当然，最核心的上网功能再次得到加强。鲁宾将这款手机命名为Sidekick。

Sidekick研发出来之后，受到德国移动运营商T-Mobile的青睐，并向Danger公司定制，由夏普代工生产。

作为一家籍籍无名的小公司，Danger的优势在于产品设计与研发，而生产制造与销售等环节则交给专业公司，借助它们的力量生存、发展、壮大，这就是安迪·鲁宾为Danger公司找到的商业模式。这恰恰体现了正确的自我定位。所谓“弱水三千，只取一瓢”，小公司最忌求大图全，与其无限扩张业务范围，不如静下心去，在所擅长的领域耐心耕耘，为未来打下坚实的地基。

2002年10月，Danger公司正式发布Sidekick系列首款产品Hiptop，最引人入胜之处在于集成了网上冲浪、电子邮件、网上聊天、在线游戏等功能，一经推出便受到欧美商务人士的热烈追捧。在2002年的全球消费电子产品展览会上，Hiptop被评选为年度最佳掌上无线移动设备。

Hiptop在市场上一炮走红，为Danger公司赢得市场和业界的诸多赞誉，安迪·鲁宾也名声鹊起。

2002 年，安迪·鲁宾应邀到斯坦福大学做演讲，其间发生了一段小插曲。当时谷歌创始人拉里·佩奇在台下聆听讲座。演讲间隙，拉里·佩奇找到安迪·鲁宾与他攀谈，并试用鲁宾的手机，发现 Google 已经被列入默认搜索引擎。受此启发，拉里·佩奇萌生了开发谷歌手机和手机系统的念头。后来谷歌果真向这两个领域进军，安迪·鲁宾成了项目负责人。

放弃是重新起步的开始

作为 Danger 公司联合创始人，安迪·鲁宾是如何来到谷歌的呢？过程可谓一波三折。

在 Danger 公司，鲁宾的职位是 CEO，他尽最大努力做好一个经营者和管理者，尽管这并非他的强项。

鲁宾是一个优秀的工程师，但还不足以成为一个出色的管理者。在他领导下，Danger 公司对产品研发不遗余力，市场开拓却进展缓慢。因此，尽管品质优秀、理念超前，但 Hiptop 一直无法打开更大的市场。这引起了董事会的不满。2003 年，董事会罢免了鲁宾的 CEO 职位。

2003 年晚些时候，由于对新管理层不满，鲁宾离开了一手创办的 Danger 公司，再次成为无业游民。

创始人被董事会罢免，这样的事情并不少见，史蒂夫·乔布斯、肖恩·帕克等人都有此经历。大多数故事的结果都是两败俱伤：创始人丢掉了公司，公司则元气大伤，在资本和市场压力下面目模糊。从感情上，对创始人来说，出局固然难以接受，但从长远看，若能果断抽身也不失为明智之举。对于创业型公司来说，保持稳定发展至关重要，管理层的争斗无疑会拖累公司发展。既然管理变更不可避免，最好的办法就是尽快解决，以免拖延日久。

安迪·鲁宾奉行的是简单主义，他明白自己的长处，也清楚地知道自身不足。工程师创业拥有技术优势，鲁宾将此发挥到淋漓尽致，领导开发了 Sidekick 手机，并得到了市场的认同，这使 Danger 公司获得立足之地，并为未来留下成长空间。至此，安迪·鲁宾的使命已经完成。至于将 Danger 公司发展壮大，那应该指望更专业的经营管理人才，而不是一个技术天才。

从本质上看，安迪·鲁宾具有创业狂的特质：能够轻松地创立一家公司，却不可能在某个领域留恋太久——他们的想法太多了，才华横溢、精力十足，总是处于活跃状态，即便遭遇失败也来不及惋惜和懊悔，因为还有更多的事情等着他们去做。人生简直就是由一连串无休止的创业组成。

从 Danger 公司离职后，鲁宾跑到开曼群岛消磨了一段时间，但已经尝到创业甜头的他不甘寂寞，又开始计划新的创业项目。由于在卡尔·蔡司公司的经历，鲁宾萌生了研制数码相机的想法，他兴致勃勃地编写了一套针对数码相机的软件，准备大干一场，只是因为无人投资，不得不作罢。随后的几个计划均无疾而终，最终，鲁宾又将目光转回到智能手机领域。

融资还是被收购？（上）

2003 年 10 月，安迪·鲁宾与尼克·斯尔、克里斯·怀特等人在帕罗奥图创建 Android 公司。Android 是一部科幻小说中对机器人的别称，身为机器人爱好者的鲁宾将之作为公司名称可谓别有意味。

鲁宾拿出所有积蓄，召集来一批工程师，致力于开发一个面向所有软件开发者的开放式移动手机平台。这个项目融合了鲁宾毕生工作和创业经历，是他技术的集大成者，其中有通用魔术公司 Magic Cap 系统的身影，也有 WebTV 对互联网的敏锐感知，以及 Sidekick 系列手机在智能手机领域的经验。其中的精髓则是互联网概念与开放式平台，这放大了该项目的商业意义。

对于未来收益不明朗，但前期投入巨大的创业项目，如果没有雄厚的财力支持，将是一件极其危险的事情。不幸的是，Android 项目正是这样。启动资金很快便全部花光了，无米下锅，项目面临解散风险，鲁宾不得不放下手头的工作，四处找钱。危急关头，老朋友史蒂夫·帕尔曼借给鲁宾 1 万美元，帮助他暂时渡过难关。后来，史蒂夫·帕尔曼多次出钱，累计投入 10 万美元。

史蒂夫·帕尔曼商业眼光出众，不仅帮助鲁宾完成 Android 项目的前期开发，还为公司前途出谋划策。在史蒂夫·帕尔曼看来，Android 最好的出路是依傍一家气质相投的大公司。

某种程度上，创业就是一项前无古人的事业，对于创业者来说，创业过程中遇到再多困难也不稀奇。所谓万变不离其宗，具体问题虽然千差万别，但是有两件事却是老生常谈：第一，资金问题。由于不清楚什么时候盈利，未来还会遇见何种难题，启动资金当然是多多益善的。但这基本上很难办到，所以就会出现第二个问题：缺钱时怎么办？是选择融资，还是接受收购？

这就是当时摆在鲁宾面前的两条岔路——它们通向不同的结果，鲁宾会如何选择呢？

融资还是被收购？（下）

在美国，Android 手机市场占有率稳居首位，并保持高速增长，就连苹果和微软也相形见绌。2011 年，谷歌公司将摩托罗拉手机业务收入麾下，同时继续面向平板电脑及手机厂商提供开放免费的 Android 系统，进一步占领移动终端市场。2012 年，Android 系统已成全球最受欢迎的操作系统。

安迪·鲁宾无意中参与到一场更为浩大的对决中来。他本是为 Android 系统更好地发展而投入谷歌怀抱，却引发了一场科技革命，不仅令手机行业重新洗牌，并且延伸到手持终端和个人电脑领域。2012 年 3 月，微软发布了“win8”操作系统，并与诺基亚联手研发“win8 平板电脑”，智能手机领域谷歌、苹果、微软三方争霸的局面，不久的将来可能在平板电脑市场上演。

安迪·鲁宾对 Android 的未来信心十足，他说：“这世界有了 Android，就不需要另一平台。因为，这是一个开放的甚至是免费的平台。”对于微软和苹果，也许并不这么认为。

小结：鲁宾的妥协与执著

与马克·扎克伯格类似，安迪·鲁宾也属于工程师创业的典范，所不同的是，他并不总是主导创业进程。

鲁宾的两次创业经历，从一个侧面阐释了创业者在创业型公司中扮演的角色和定位。

第一次，鲁宾被Danger公司董事会“下课”。他对此颇为淡然，既然已经完成创始人的使命，为公司争得一席之地，离开也未尝不可。所谓“术业有专攻”，鲁宾清楚自己的优势在于发明创造，经营管理不是他的专长，他也不愿意在这方面浪费时间与精力，把公司交给董事会不是更好吗？

正是有了勇敢的放弃，才得以从纠缠不清的泥污中起身，投入新一轮的创业。

过去的积累会成就现在的事业，这句话对鲁宾来说颇为适用。在苹果、通用魔术、Artemis、Danger等公司的工作经历，使鲁宾能够以全面而专业的眼光审视手机行业，从而研发出Android系统。

在这个过程中，以前的同事组建为创业团队，而老同事兼老朋友史蒂夫·帕尔曼无异于创业导师。每个创业者身边都应该有一个良师益友，对于安迪·鲁宾来说，史蒂夫·帕尔曼正是这样的人，他的角色有点类似于扎克伯格身边的肖恩·帕克，以自己的创业经验和教训给出切实指导。与扎克伯格不同之处在于，安迪·鲁宾并没有一个相当于萨瓦林那样善于“找钱”的搭档，而单凭鲁宾个人的财力和史蒂夫·帕尔曼的资金支持，Andriod 系统无论如何难以做大。

作为发明家的鲁宾追寻的是将科学发明付诸市场化产品的可能，这在某种程度上影响了他作为创业者的魅力。因此，他总是处于缺钱状态。每个企业都做不大，或者刚开始就拱手让给了别人。从这一点出发，就不难理解安迪·鲁宾为何将 Andriod 卖给谷歌：他真正关心的是自己的发明创造是否能够普及应用，而非一家以盈利为目的的公司。这样的创业者可能有无穷的思路或灵感，不用多少周折即可将之变为产品，但是，产品的商品化过程却是他们的软肋，找到一棵大树不失为一种生存之道。

谢家华：35 岁成为亿万富翁

回想起来，许多的挫折其实都是好事。如果你无法获得融资，那么这将迫使你自食其力，找到让公司生存下去的创造性方法。起初我们花重金打广告，想要令公司扬名，但后来当我们无法获得融资时，我们意识到公司已承担不起这笔费用，于是我们专心地思考产生更多回头客的更好方法，而不是通过打广告。这使得我们致力于提供最佳客户服务。

——谢家华

创业历程：哈佛比萨店→网页设计公司→“链接交换”公司→青蛙基金→美捷步

人生与创业交相辉映

2009 年夏天，由于一个收购案，一位亚裔企业家成为美国媒体追踪的焦点，他就是谢家华。

当时，谢家华用 10 年时间创建的网上鞋店美捷步年销售超过 10 亿美元，被电商巨头亚马逊相中。一向谨慎的亚马逊斥巨资收购了美捷步，交易额约合 12 亿美元，这是亚马逊成立以来最大一笔收购。作为美捷步的创始人兼股东，35 岁的谢家华因为这笔收购跻身美国亿万富豪之列。

往前追述，谢家华也曾经历失败，但更多的是成功。在他 30 多年的人生中，浓缩了太多的创业精华。

1998年，谢家华将一手创办的“链接交换”公司以2.65亿美元的价格卖给微软。这时谢家华26岁，年纪轻轻便成为众人羡慕的千万富翁。更令人吃惊的是，“链接交换”公司才刚刚成立两年。

随后，谢家华组建青蛙基金，转身做起天使投资人。在他投资的27个项目中，美捷步一枝独秀。然而，这家日后全美最大的网上鞋店却生于危难，甫一出生，便遇上互联网泡沫破裂。为了拯救最后的希望，谢家华甚至倾家荡产，把所有财产都投入美捷步。从1999年到2003年，美捷步一直挣扎在破产边缘，如何解决入不敷出问题，从何处寻找资金，如何度过低迷？美捷步九死一生的背后，离不开谢家华的运筹帷幄。对于所有创业者来说，这无疑具有现实意义。

再往前推，谢家华的生命渐渐伸展开来——他曾在网页设计项目上一败涂地，也曾是经营比萨店的哈佛高材生，还是一个不成功的魔术推销者、月收入200美元的高中生、《大火鸡》报出版人、迷恋旧货生意的小学生，以及梦想成为美国头号蚯蚓经销商的9岁顽童……

从小就对赚钱感兴趣

小时候，谢家华就是一个头脑聪明、想法颇多的孩子，总能想出各种奇妙招数。比如为了摆脱练习钢琴的压力，他提前进行录音然后在清晨父母睡觉时开始播放①。这种小聪明让他逃过了繁重的学习，有更多

① 出自谢家华自传《三双鞋：美捷步总裁谢家华自述》，中华工商联出版社2010年版。

时间做自己喜欢的事情。所有爱好中，谢家华对赚钱有着非比寻常的兴趣。在他看来，有了钱可以更自由地去做想做的事情。这个看似简单的想法，成为他日后创业的动力源泉。

9 岁时，谢家华有了一个与年龄不相称的宏大梦想——成为世界上最大的蚯蚓经销商。

他记得在一本书上看过，如果将一条蚯蚓拦腰斩断，那么不久后两段蚯蚓肢体便会长成完成的蚯蚓。尽管这有些残忍，但不可否认，实在是一个一本万利的点子。谢家华终于说服父母花了 33.45 美元，从经销商那里买来一个装着 100 条蚯蚓烂泥的盒子，然后开始打造自己的“蚯蚓帝国”。

当然，他并没有将蚯蚓切为两截，而是将它们放在一个盛有泥巴的盒子里，每天将蛋黄倒在上面，希望蚯蚓可以快速成长。然而，一个月后，当他翻查泥土，发现盒子里除了泥巴之外空无一物——蚯蚓都通过盒子底部的网眼跑掉了。谢家华人生的第一次创业，就这样结束了。

后来，谢家华迷上了旧货生意。他将自家车库的旧货拿出来兜售，卖完后，他又说服朋友将家里的旧货拿出来卖。为了促销，他们还想出一个主意：自制柠檬水与旧货一起卖，让朋友穿上小女孩的衣服做促销。结果，路人纷纷被吸引过来，卖柠檬水挣的钱居然超过了卖旧货所赚的钱。

初中时，谢家华做过一段送报员，但他很快厌倦了这项枯燥乏味的工作，转而办起了自己的报纸。谢家华撰写了一些故事、笑话和谜语，把它们印刷在 20 页新闻纸上，命名为《大火鸡》，拿到学校向同学兜售。第一期卖出去四份，收入 20 美元。这个成绩鼓舞他向商户拉广告，一家理发店居然真得花了 20 美元买下一个版面，但第二期报纸出版后，只卖出去两份便没了下文。

这次办报经历激发起谢家华对广告的兴趣，此后浏览出版物的广告页几乎成为他最大的爱好。一次翻阅一本名为《孩子的免费物品》时，他被一种“新奇的销售方式”吸引：只要邮寄一张写有地址、贴好邮票的信封和不超过 1 美元的款项，就能得到笔、地图等各式各样的“免费物品”。

谢家华还在这本书上看到一个出售徽章制作机器的广告。利用这套装置，可以将照片做成能够别在衣服上的徽章，制作成本不超过 25 美分，而这套装置的费用为 50 美元。谢家华马上想到：用这套装置制作徽章，每个定价 1 美元，按照书中的销售方式，每笔订单就可以赚到 75 美分。他向父母借了 50 美元，买来徽章制作装置，然后在《孩子的免费物品》刊登广告，等待生意上门。

两个多月后，谢家华接到了第一份订单：一个 12 岁的小女孩要求他将自己的照片做成徽章，她同时寄来一个用于回寄的贴好邮票的信封，最关键的是，还有 1 美元。谢家华如愿挣到 75 分美元，生意终于开张了！随后的一个月，订单不绝，给他带来 200 美元的利润。

徽章生意逐渐稳定下来，直到初中毕业前夕，谢家华每个月都能挣到 200 美元。厌倦制作徽章的他把这项生意转让给弟弟经营，再后来被最小的弟弟接管，最后因为举家搬迁而不得不终止。

想法众多，勤于实践

读高中时，谢家华迷恋上电子计算机，他选修了计算机编程，很快便具备了相当的编程水平，两年后便能够在暑期班上向低年级学生讲授这门课程，这还给他赢得了许多兼职机会。

谢家华对赚钱的兴趣有增无减，他懂得自己的优势，并能够很好地发挥它们，出色的计算机才能给他带来不少外快。他从卢卡斯电影公司那里得到一份游戏测试员的工作，就是玩《夺宝奇兵》等游戏，每小时能挣到 6 美元。后来，他在另一家公司找到编程方面的工作，每小时收入 15 美元。

攒了一笔小钱之后，谢家华开始怀念起徽章生意。他花了 800 美元，在一本名叫《男孩的生活》的杂志上刊登广告，出售从魔术书上读来的魔术技艺，每个标价 10 美元。谢家华梦想着魔术生意可以像徽章生意那样，为自己带来稳定的收入。然而，这一次却泡汤了。

尽管学习并不用功，但优秀的成绩足以让谢家华入读哈佛大学。在哈佛，他的赚钱能力又提升了一个等级。

与大多数美国大学生一样，谢家华在课余时间打过许多工，他在哈佛学生会、微软等机构或公司做过编程工作。这些零工不过是为更多地接触电脑，真正值得一提的是他的“小吃事业”。

谢家华与朋友衫杰接下宿舍楼下的一家小吃部，为 300 多名学生提供食物。每天，他们从麦当劳买来汉堡，然后以每个 3 美元的价格出售，能赚 2 美元。为了获得更多利润，谢家华建议转做比萨店，经过粗略计算，一个成本 2 美元的比萨可以卖到 10 美元，如果分成小块出售，利润会更多。于是，他们花了 2000 美元买来一台比萨烤箱，做起比萨生意①。

---

① 出自谢家华自传《三双鞋：美捷步总裁谢家华自述》，中华工商联出版社 2010 年版。

由于属于独家生意，而且经营有方——谢家华与衫杰不断推出新产品，同时用各种方式招徕顾客，比如播放录制的电视节目等，所以他们的比萨店总是人满为患，只用了两个月时间就收回了成本。

比萨店生意兴隆，一直经营到谢家华大学毕业，成为他正式创业前的一个小小的注脚。

一时兴起，注定无法走远

1995 年，谢家华从哈佛大学毕业，他不必担心工作——甲骨文公司雇用了他，年薪高达 4 万美元。他的搭档衫杰也被雇用了，于是两人又住到了一起——这为他们随后的创业提供了许多便利。

在甲骨文公司，谢家华的工作是测试工程师，用他自己的话说："每天我要做的事情只是运行几个测试。大概需要花 5 分钟设置一个测试，然后再花 3 小时运行这个完全自动化的测试。在此期间，我只是坐在旁边等待测试的完成。"①枯燥乏味的工作使他想找一些有趣的事情来做。

当时的美国，互联网刚开始流行，许多公司忙着搭建自己的网站，但是真正懂得网站制作的人并不多。谢家华认为这是个不错的创业机会。他与衫杰计划利用自己的专长，为需要的客户制作网页。在生意开张之前，他们为公司取了一个气派非凡的名字"互联网行销解决方案"，顺便搭建了一个煞有介事的公司网站，然后到复印店制作了一些名片，就开始行动了。

---

① 出自谢家华自传《三双鞋：美捷步总裁谢家华自述》，中华工商联出版社 2010 年版。

对两个甲骨文公司的工程师而言，制作网站并不是什么难事，为了避免白忙一场，在动工之前最重要的是先找到客户。这时，谢家华想到一个绝妙的点子：先为当地商会免费设计网站，然后再向商会成员企业推荐自己。几乎没费什么周折，商会便同意将制作网站的任务交给他们，这一点谢家华早已料准——毕竟没人会拒绝免费的午餐。接下来，他们开始为利润奔波了。

由于衫杰在技术上更出色一些，而谢家华更擅长交际和谈判，两人分工如此：衫杰负责产品设计，销售和客服则交给谢家华。谢家华依旧采用“擒贼先擒王”的策略，从当地最大的购物中心入手。他的计划是，通过拿下购物中心，逐一敲开购物中心的商户的大门。

衫杰忙着为商会制作网站，谢家华则去和购物中心及其他一些潜在客户会谈。商会网站建好后不久，谢家华终于说服购物中心花钱请他们设计网站。生意开张了！他们赚到了 2000 美元。

至此，事情一直按照预想的方向发展，这让谢家华与衫杰欣喜若狂，他们似乎又找到久违的创业激情。相比之下，却对甲骨文公司的枯燥工作越来越提不起兴致。为了全身心地投入自己的事业，他们在入职五个月后向甲骨文提出了辞职。谢家华在自传中写道：“我们想经营自己的事业，掌握自己的命运。这跟金钱无关，只是因为我们不会再感到无聊了。”

然而，辞职不久，事情很快发生了逆转——就连他们自己也没想到，他们对网页设计失去了兴趣。正如在甲骨文公司的工作一样，网页设计如今成了毫无新意的重复性劳动，虽然能够带来利润，但与甲骨文的工资相比，甚至显得有些微不足道。更要命的是，他们无法从中找到任何快乐。

对两个人生一帆风顺的大学生来说，放弃优厚年薪的工作，去自己创业，简直就是异想天开。他们把现实想象得过于简单，并高估了自己的热情和耐性。不过，这个教训来得还算及时。他们开比萨店攒下的家底还能支撑一阵，在这笔钱花完之前，他们必须找到生存之道。

始于兴趣，找到方向

谢家华和衫杰花了一些时间从生活中重整旗鼓，开始计划着找个更好的点子继续创业。

一天，他们写了一个计算机程序。通过这项程序，注册用户可以在自己的网站上看到一些随机插播的广告，网站浏览量越大，获得的积分越多，达到一定积分，就可以在系统内免费做广告，被更多的人看到。起初，谢家华和衫杰只是为了摆脱无聊而动手，但这个程序一经设计出来，他们就觉得“很酷”——对于那些预算有限的网站来说，不啻一个好的推广平台。

他们为这个程序取了一个恰如其分的名字：“网络链接交换”，即“链接交换”公司雏形。

程序完成后，他们发邮件给了一些小网站，向它们介绍“网络链接交换”，并希望它们可以免费试用，多数网站很热情地接受邀请。于是，就像预想的那样，这些网站上开始出现对方的自动广告，一段时间后，各家网站点击率迅速上升。关于“网络链接交换”的消息传开了。

这一次，谢家华和衫杰没有急着赚钱，他们决定先把公司的规模提升上去。随着名声逐渐扩大，越来越多的网站到他们的系统注册。两个人通宵达旦地工作，几乎没有任何空余时间，不是忙着维护系统，就是忙着回复客户邮件。他们忙得晕头转向，却沉浸其中，不亦乐乎。

5 个月后的一天，谢家华接到一个电话，是一个专程从纽约赶来的客户，邀请他和衫杰共进晚餐。

这个叫蓝尼的商人对谢家华和衫杰手头的事业似乎早已摸透，相比在“链接交换”系统做广告，他对直接收购更感兴趣，并当场提出一个自以为颇具诱惑力的价码：100 万美元。

两个年轻人没有立即答复，他们怀着忐忑而兴奋的心情度过了随后几天。要知道，“链接交换”才成立不到半年，眼前就出现了一个百万美元的收购机会，对任何一个欠缺资金的创业者来说，简直就是“天上掉馅饼”。然而，谢家华和衫杰并没有被突如其来的“馅饼”冲昏头脑。他们认为事业才刚开始，潜力尚未被完全开发，未来的商业价值一定比现在大，以区区 100 万美元卖出去显然不够明智。作为拒绝的理由，他们将价格提高到 200 万美元，被蓝尼拒绝了①。

这笔不了了之的收购坚定了谢家华和衫杰的创业信心，随后，他们全力投身“链接交换”公司。

为了应付日益扩张的业务，他们不得不招聘人手。通过朋友推荐，一个名叫阿里的工程师成了第三个成员。三人聚在旧金山租赁办公室，然后分头行动，邀请各自的朋友加入，团队迅速成长起来。

---

① 出自谢家华自传《三双鞋：美捷步总裁谢家华自述》，中华工商联出版社 2010 年版。

拒绝 2000 万收购的底气

1996 年年底，雅虎创始人杨致远和这个年轻人安排了一次会面，表达了收购意向，出价 2000 万美元。

听到这个数字，谢家华第一反应就是震惊，庆幸“5 个月之前没有把公司卖掉”。短短五个月时间，公司价值上涨了 20 倍！2000 万美元显然具有足够的诱惑力，谢家华、衫杰和阿里花了好些天才镇静下来。

在卖与不卖之间举棋不定之际，谢家华将想做的事情列了一个表格。他发现多数事物，凭借目前财力能够消费得起，如果卖掉“链接交换”公司，并不会给自己的生活带来什么影响。而由于“太热衷经营发展自己的事业了”，卖掉“链接交换”公司之后，他最大的心愿就是重新创办一家公司。但是卖掉这个自己喜欢的公司，然后再用那笔钱创办一个新公司的做法似乎有点傻。

答案已经有了。另外两个合伙人，衫杰和阿里也持这种观点。第二天，谢家华向全体员工宣布了最终决定：拒绝雅虎所提的条件。他说，“网络世界正在爆炸性地发展，像网景、易趣、亚马逊和雅虎这些公司，正在改变人类的历史。能在如此短的时间内出现这么多成功的公司是前所未有的，我们也有机会使自己的公司成为它们当中的一员，创造属于自己的时代”①。

谢家华谢绝了雅虎的收购，同时为急需资金扩张业务的“链接交

---

① 引自谢家华自传《三双鞋：美捷步总裁谢家华自述》，中华工商联出版社 2011 年版，第 37 页。

换”公司吸引来了风险投资——红杉资本合伙创始人迈克·莫里兹投资300 万美元，获得“链接交换”20% 的股权。

随后的几个月，“链接交换”注册用户迅速攀升，业务量稳步上升，不断有新员工加入进来，公司规模急剧扩大，不得不租用面积更大的办公空间，并在纽约和芝加哥等地开设办事处。

这时候，谢家华感到有必要引入一个财务副总裁。实际上，他心中早有人选。在哈佛经营比萨店的时候，一个名叫林君叡的同级生引起了他的注意。此人总是每隔一段时间下楼来买比萨，而且喜欢买最大号的那种，这让人误以为他超级能吃，还由此获得“怪物”、“垃圾桶”等不雅的绰号，但其实另有隐情——他把比萨拿上楼去分成小块出售，从中赚取差价①。

林君叡精明的商业头脑令谢家华印象深刻，毕业后两人各奔东西，林君叡去斯坦福攻读博士，期间两人曾计划在斯坦福合伙开办一家三明治店，因校方干涉而不了了之。林君叡对博士学位兴趣不大，只是碍于父母颜面，1997 年年初，在谢家华邀请下，林君叡辍学加入“链接交换”。

卖掉公司要选一个好时机

接下来的一年，在迈克·莫里兹的财力支持下，谢家华、衫杰、阿里和林君叡把“链接交换”发展成一个将近 200 人的富有朝气的公司。

---

① 出自谢家华自传《三双鞋：美捷步总裁谢家华自述》，中华工商联出版社 2010 年版。

但由于扩张过猛，用人出现问题，一些别有用心的人混了进来，工作氛围发生了微妙的改变。谢家华敏锐地捕捉到这种变化，他发现一些员工只是抱着培养工作经历的心态走进公司大门，希望历练一段时间后跳槽到更好的地方。

谢家华明白，这个问题对于创业型公司来说将构成不小的创伤，必须在事情发生前扭转局面。但经过一年的急速扩张，“链接交换”已经变得陌生，染上尾大不掉的弊端，短期很难改变现状。

与此同时，更急迫的问题出现了——第一轮融资几近告罄，如果没有后续投资，公司将在年底前破产。值得庆幸的是，雅虎、网景、微软三家公司都表示愿意参与下轮融资，而网景和微软对直接收购更感兴趣。被人事问题困扰的谢家华认为这正是一个合适的出手机会。

一旦创始人对公司不再留恋，就很少有谁能阻挡收购。1998 年 11 月的一天，微软从竞标中胜出，以 2.65 亿美元收购“链接交换”。作为附加条件，三个创始人谢家华、衫杰和阿里至少继续留任一年，期间每人都将获得一笔额外收入，谢家华可以获得高达 4000 万美元的收入，但如果中途退出，不仅分文不得，还得倒赔 800 万美元。他心想，“坚持完 12 个月就可以了”。

然而，接下来的几个月，谢家华并不快乐。他不得不面对那些厌恶的人事斗争，这让他感到像是浪费生命。终于，经过深思熟虑，他放弃了那笔唾手可得的财富，选择追求自己的生活。对于大多数人来，做出这个决定恐将十分困难；而对于谢家华来说，他已有了足够的钱来度过余生，不必为了 4000 万美元而“困在微软”，况且，节省出来的时间可以用来做更多有价值的事情。

时间也是一种财富，多数人用这种不可见的财富兑换可见的金钱，而现在，谢家华到了全新境界——为了获得自由掌控的时间，甚至愿意放弃摆在眼前的财富。那么，他会用这些时间去做什么呢？

投资比创业更有风险

红杉资本在“链接交换”的 300 万美元投资为其带来了超过 5000 万美元的回报，同时让谢家华、衫杰、阿里以及“链接交换”的许多员工变为富人。这件事触动了谢家华，他清楚地知道：如果没有 300 万美元的风险投资，这一切有可能不会发生。这件事让他发现了资本高效升值的途径。现在，他成了有钱人，他希望组建一支风险基金，让已有资本再次增值。

此时，谢家华声望正值巅峰，“链接交换”的成功让人们有理由相信，把钱交给这个年轻人不会错。结果，他成功地从前“链接交换”员工那里募集到 2700 万美元。他把这支基金命名为“青蛙”。

接下来，谢家华与林君叡开始拜访不同的小公司。他们决定遵循“不将所有鸡蛋放到一个篮子”的策略，将资本分散投资于创业型公司，为有潜力的公司提供种子基金，孵化到一定程度之后再将股份出售给大型风险投资基金。本着广撒网的想法，他们投资了许多公司和项目，甚至包括一部电影。

为了及时掌握公司发展状态，谢家华与林君叡每周都要和投资对象进行沟通，了解他们的困难和处境并给出建议。这项工作占据了他们的很多时间，但必不可少。后来为了近距离地考察这些公司，谢家华在一栋大楼上组建了“青蛙创投孵化器”，然后将这些公司全部搬进来，为它们提供办公空间，并共同享用餐厅、健身房等设施，试图打造一个独立的世界。

谢家华并非“独行侠”，他对团队和组织有着强烈的归属感，在人生的多数时间，他总是希望和朋友们待在一起，分享成功和喜悦，“青蛙创投孵化器”满足了他这个愿望。这项事业如此激荡人心，以至于他们心甘情愿慷慨解囊。结果，在进行了 27 笔投资之后，青蛙基金资金即将告罄。

对投资者来说，资金是信心的来源，是投资的基础，如果没有更多的资金，则将意味着风险。

2000 年，在互联网泡沫冲击下，旧金山的创业环境一落千丈。由于没有后续投资，谢家华投资的一些公司倒闭了。到后来，只剩下一家公司。它曾九死一生，历经辗转，终于生存下来。10 年后青蛙基金投资回报超 5. 8 倍，成为表现最出色的基金之一，而这家公司就是最大的利润来源。

它，就是美捷步。1999 年，它只是一个怀抱着“成为卖鞋的亚马逊”的梦想的小公司。

有生意，就意味着有活路

青蛙基金成立之初，谢家华在很短时间内投资了 20 多笔项目，动作迅速，以致青蛙基金一时间成为热点，许多创业者主动登门求助。一天，谢家华接到一个名叫尼克·斯威姆的创业者的电话，尼克说自己创建了一个名叫 ShoeSite 的网站，需要一笔钱将之发展成一家网上鞋店。

过去一段时间，谢家华听到过许多异想天开的想法，他认为这个点子糟糕透了，因为“没有人会放弃试穿而跑到网上买鞋子”。然而，接着往下听，他被一组数据打动了。尼克·斯威姆将自己了解到的情况和盘托出：在美国，鞋业市场高达400 亿规模，其中5%的份额是通过邮购完成的。

每年约有 20 亿美元的鞋子通过邮购卖出，这意味着未经试穿也能完成销售。联想到早年的徽章生意，谢家华认为网上鞋店的想法也许可行。慎重起见，他决定与尼克见面详谈。

尼克·斯威姆很早就注意到，为了买一双称心满意的鞋子，美国人不得不从一家商店走到另一家商店，一双一双地试穿。这通常会花费大半天的时间，最后也不见得能够买到合脚的鞋子。因此他想，既然亚马逊公司可以在网上卖书，为什么不能建一个买鞋的亚马逊呢？当时美国已经有了一些网上鞋店，但都不得其法。尼克决定亲自试试，他请人设计了这个名叫 ShoeSite 的网站，跑到鞋店去为鞋子拍照片，然后将照片放到网上。如果有人下订单，再跑到鞋店去买下鞋子邮寄给他们。这个方法虽然简单，但居然奏效了，陆续有人向他买鞋，每周订单量达到 2000 美元。

谢家华和林君叡还下不了决心。尼克·斯威姆的主意虽然不错，但很显然，他是这一行的门外汉。稳妥起见，他们跟他说，如果能够找到一些对鞋业有经验的人，可以考虑投资。

没过几天，尼克·斯威姆就从一家制鞋公司找到了合适的人。他叫弗雷德，在某大型鞋企摸爬滚打了 8 年，行业经验丰富，是个有激情、有想法的家伙。弗雷德一眼就看出尼克的经营过于低端，要能说服鞋厂“第三方供货”[①]，也许可以成功。弗雷德表示如果有人投资，可以考虑加入。

谢家华与林君叡认为，尼克与弗雷德正是理想的创业组合，他们不确定最终能否成功，但愿意为此赌一把。他们投资 100 万美元作为种子基金，并给公司取了一个新名字：美捷步（Zappos）。

如何度过财务危机？（上）

2000 年，与青蛙基金投资的其他公司一样，美捷步也遭遇了足以致命的资金问题。

谢家华试图从红杉资本拉来风险投资，他多次向迈克·莫里兹介绍美捷步，后者似乎很感兴趣。但了解美捷步的真实状况后，红杉资本以“要看到更多的成长和进步”为由，暂时拒绝向其投资。

由于青蛙基金所剩资金不多，所投资的创业公司相继陷入了倒闭边缘。无奈之下，谢家华和林君叡开始募集第二只基金，以便向这些公司紧急注资。然而，由于青蛙基金至今表现平平，且互联网泡沫破裂带来了恶劣影响，他们一分钱都没有募集到。

这打乱了谢家华的计划。考虑到美捷步比其他公司更优异的成长性，他把青蛙基金仅有的资金打给了美捷步。事到如今，只有破釜沉舟一条路。谢家华重新扮演起创业者的角色，全身心投入美捷步创业中来。

---

① 第三方物供货，也称第三方配送，是指由物流劳务的供方、需方之外的第三方去完成物流服务的物流运作方式。在此案中，第三方是指鞋业厂商，为美捷步的订单客户直接供货，美捷步只是在其中牵线搭桥。

接下来的几个月，谢家华在美捷步上花光了青蛙基金的所有家底，仍旧入不敷出。他不得不一再自掏腰包，垫钱救急。但这终非长远之计，因此，他必须在资金用完之前，扭转亏损势头。

美捷步开局不利，为了生存，不得不开源节流。首先，谢家华带头降薪，年薪只有 24 美元。因为大幅降薪，一些员工离开了，留下来的员工被安排进“青蛙创投孵化器”，提供免费住宿，其中包括尼克。

其次，大幅削减市场开发费用，将有限的精力和财力用于维护已有顾客关系，拉回头客。

最后，想办法提升销售额。此时，尼克和弗雷德已经成功说服一些品牌向美捷步客户提供第三方供货，而谢家华认为应该建立自己的库存，这需要说服那些鞋企将产品直接提供给他们。还需要一支采购团队，一座仓库，一套升级系统。当然，这些都需要资金，只能按照轻重缓急，逐一实施。

经过粗略计算，美捷步至少需要 200 万美元，用以开展上述行动。谢家华已经做好变卖房产准备。为尽量节省资金，必须一切从简。谢家华在“青蛙创投孵化器”内开辟了一个用于展示的小型仓库，找到了一个废弃的百货大楼用于搭建更大的仓库，可以储存 5 万双鞋。弗雷德同时兼任采购。他们通过买下一家小型鞋店，取得了部分品牌的进货权。至于系统，暂不升级。

以上措施立竿见影，2000 年结束时，美捷步销售总额增长 3 倍以上，达 160 万美元①。

① 出自谢家华自传《三双鞋：美捷步总裁谢家华自述》，中华工商联出版社 2010 年版。

如何度过财务危机？（下）

然而，入不敷出的状况并未得到扭转，美捷步仍然没有走出资金阴影。期间，为了缩短送货时间，美捷步将仓库搬往中部的肯塔基州。一家名叫电子物流的快递公司愿意提供在那里的仓库和送货服务，并承诺可以实现更快的配送，但搬迁中因为交通意外损失了50万美元的货物。同时，电子物流公司忙中出错，紊乱的上架系统耽误了许多订单，给美捷步造成大量无形损失。

这个失当的决策让谢家华意识到应该建立自己的仓库和系统，而不应该将它让给其他的物流公司。美捷步在肯塔基州一些小型飞机场附近找到一个租金便宜的仓库，谢家华驾车通宵达旦36小时赶往那里，亲自督建“威士忌”仓库和配送系统，然后将货物从电子物流的仓库转往这里。

2001年，美捷步销售额达到860万美元。2002年，“威士忌”仓库建成后，得益于仓库自主配送与第三方配送变得的有效结合，美捷步全年销售额达到3200万美元。但美捷步的财务状况仍然堪忧。这期间，谢家华将他最后一处房产以40%的低价出手，换来不多的发展资金。

由于自有仓库高效运转，自主配送不断完善，第三方配货变得相形见绌，2002年时只占美捷步总出货量的25%。谢家华认为，第三方配送在将风险转嫁给品牌厂商的同时，也将主动性拱手让人，从长远来看对顾客体验和品牌形象是一种危害。于是，在2003年，他果断停止了这部分业务。

停止第三方配送导致了两个直接后果。一、销售额下降，资金更加紧张。二、更依赖于自主采购，结款压力增大。面对供应商此起彼伏的催款声，谢家华让尼克按重要性列出一个结算单子，优先支付重要客户。对于大多数客户则坦言相告，尽量延迟支付，毕竟，资金链太紧张了。

谢家华奔走于银行与投资人之间，争取最后的时机。终于，在 2003 年 6 月，资金链断裂之前，一笔 600 万美元的贷款到账了，美捷步得救了。这一年，美捷步销量达到 7000 万美元。

怎样找到“对”的员工？

飞涨的业绩终于让美捷步引起投资者的兴趣，红杉资本决定提供风险投资，银行界也向其敞开大门。一时间，美捷步获得大量流动资金，仅从银行界得到的贷款就高达 1 亿美元。

生存不再成为问题后，谢家华开始按照自己的计划打造美捷步，他决定从建立企业文化开始。

随着公司业务的攀升，增添人手成为必然。但如果不加节制地扩充队伍，很容易让害群之马混进来，使团队变得良莠不齐。对于一个成长中的创业公司来说，这将遗憾无穷。发生在“链接交换”公司的人事斗争至今仍是谢家华的忧虑，他下定决心，不让这一幕在美捷步重演。

在旧金山，美捷步很难找到客服人员，大多数人只是将此作为一份临时工作。对于注重服务质量的网上商店，客户人员素质与能力高低将极大地影响企业形象。谢家华认为，旧金山等大城市生存成本高昂，生活节奏快，导致人们不断寻找收入更高的职业，对服务性行业热情不足。

相反，小城镇生活安逸，压力较低，城镇居民更希望获得稳定工作，对工作和公司的归属感更强。

谢家华的原计划是将客服中心迁往小城镇。经过密集调研，他将目标锁定为“赌城”拉斯维加斯，准备在那里打造一个新的客服中心，取名为“客户忠诚小组”。半年之后，考虑到美捷步“以服务树品牌”的发展理念，谢家华最终决定将总部从旧金山搬到拉斯维加斯。

美捷步在旧金山有90多名雇员，大约有70名愿意跟随公司迁往拉斯维加斯，其余20多人选择离职。在拉斯维加斯，美捷步租用了一栋崭新的办公大楼，比在旧金山的大楼气派得多。陌生环境增加了凝聚力，由于在当地没有朋友，美捷步员工彼此来往频繁，形成稳固融洽的社交网络。

70多名员工显然不够应付日益扩大的业务量，于是，美捷步在拉斯维加斯招聘新员工。

谢家华吸取“链接交换”公司的教训，与全体员工一起总结出美捷步的核心价值，以此作为招聘新员工的审核条件。谢家华在自传《三双鞋》一书中公布了这10条核心价值观：

一、通过服务让人们感到惊叹：WOW。

二、拥抱并驱动变革。

三、创造快乐及一点点搞怪。

四、勇于冒险，敢于创新，开放思想。

五、积极进取和不断学习。

六、通过沟通建立开放和诚实的关系。

七、建立积极的团队，塑造家庭精神。

八、追求事半功倍。

九、充满激情和决断力。

十、虚怀若谷。

招聘开始后，美捷步收到了许多求职者的简历，由于公司管理层不可能像之前那样一对一地面试每个求职者，美捷步制订了一整套筛选流程。首先剔除那些与公司核心价值观格格不入的人，即便他们能力出众。通过人事部门的两步面试才能初步录用，接下来还要接受为期四周的培训，进一步互相了解。如果有人主动退出，美捷步会支付2000 美元，借此鼓励不合适者尽早离开。

事实证明，这些方法很奏效，美捷步找到了需要的员工，避免了重蹈“链接交换”的覆辙。

用什么撑起35%的市场？

美捷步虽然定位于“鞋业亚马逊”，但经营理念却与亚马逊有所不同——亚马逊通过网上销售提供低价商品，美捷步不仅限于低价，还致力于为客户提供优质服务，这无疑增加了经营难度。

美捷步网站上出售的鞋子涉及500 个品牌，9 万多种款式，价格从20 美元到2000 美元不等，几乎囊括所有价位。美捷步为美国本土客户提供免费配送服务，试穿不满意可无条件退货，费用完全由美捷步承担。如果顾客当时不确定是否退货，他们可以购买之日起一年内退货。

自主掌控的物流可以将一双鞋子在 8 小时内送达美国东海岸的客户家中。客服中心与仓库物流一样，保持每周 7 天、每天 24 小时高效运转。接话员从不预设台词，公司授权他们最大的机动性，只要对品牌有益。这样的情况下，若某种商品缺货，美捷步客服甚至会推荐客户到竞争对手那里购买。有一次，一名客户打电话从美捷步订比萨，他得到了附近几乎所有比萨店的电话号码。

另一方面，为了赢得供货商的信任和认同，在弗雷德带领下，美捷步采购团队搭建了一个“外联网”，供货商可以从中看到美捷步的库存、销售和利润。美捷步将供货商当做同盟伙伴的做法收效显著，双方建立起稳固的合作关系。供货商优先向美捷步供货，它们还千方百计帮助美捷步搞到独家货源。

由于经营得法，美捷步业绩增长迅速。2007 年总销售额达 8.4 亿美元。2008 年，金融危机冲击下仍突破 10 亿美元，2009 年为 12 亿美元，占到美国网上售鞋市场 35% 的份额。

2009 年，美捷步登上《财富》杂志“前 100 名最佳雇主”。然而，这时一个问题开始困扰谢家华。

与以往投资的风格类似，红杉资本入股美捷步时曾签署一个为期 5 年的退出机制，以便获得投资回报。2009 年，协议即将到期，当时有两条出路：一是美捷步公开上市，但金融危机期间上市显然不是明智之举。二是将美捷步卖掉，谢家华、林君叡、尼克和弗雷德都不愿卖掉公司。红杉资本给了他们很大的压力，谢家华自称“几乎被董事会炒了鱿鱼”。

美捷步创始团队原本打算筹集一笔资金，购买红杉资本所持有的股份。正当谢家华四处奔走之际，亚马逊创始人杰夫 · 贝佐斯与他联系了。

贝佐斯对收购美捷步兴趣盎然，提出用现金收购美捷步。

然而，作为公司创始人，谢家华、林君叡、尼克和弗雷德希望保留美捷步品牌，并愿意继续为其工作，建议亚马逊用现金加股权的方式并购。经过协商，2009 年 7 月 12 日，亚马逊与美捷步达成协议，以现金加股权的方式收购美捷步，涉及金额高达 12 亿美元①。

收购完成后，红杉资本成功撤出，原美捷步经营团队基本未变，谢家华仍担任美捷步首席执行官。十年创业告一段落。35 岁的谢家华登上《财富》"40 岁以下亿万富豪榜"第 27 位。对尚未到不惑之年的他来说，未来仍有无限可能。也许某一天，他会心血来潮，挂冠离去，再次投身于创业。

赌城重建计划

2011 年，由于美捷步的迅速发展，原有的办公大楼变得拥挤不堪，谢家华开始计划将公司迁移到别处，打造"自己的小天堂"。在四处考察的过程中，他萌生了新的商业计划。

由于经济结构单一，美捷步总部所在的拉斯维加斯在金融危机期间走向衰落，市中心变得萧条破败。谢家华决心将美捷步总部从郊区搬迁到市中心，以带去人气和物流，重振拉斯维加斯。他租下废弃的市政中心，将其装饰一新，预计到 2013 年，上千名美捷步员工将进驻这幢 11 层的建筑。

---

① 出自谢家华自传《三双鞋：美捷步总裁谢家华自述》，中华工商联出版社 2010 年版。

更庞大的计划是，拉斯维加斯从“赌城”向“科技创业之都”的转变。为了亲身贴近市中心，谢家华从郊区的豪宅搬到市中心一座大厦的顶层，将那里变成他的指挥部。令人惊讶的是，他自掏腰包3.5亿美元，1亿用来购买土地、1亿用来开发房地产、1亿用来支持学校与小企业，剩下5000万用来支持创业型公司。然而，外界似乎并不看好这个项目，拉斯维加斯旧城改造虽然提了多年，但由于盘根错节的复杂关系，一直进展不顺。一个年纪轻轻的互联网创业者涉足这个陌生领域，可不是光有钱就能玩转的。不过，谢家华似乎不担心这些，他对《彭博商业周刊》说：“不管发生什么事，我的生活方式都不会改变。从某些方面看，我根本就没冒什么风险。”

小结：一切为了更高效地赚钱

创业家的成功固然有其过人之处，同样重要的是，他们能够在后天环境中发挥先天优势。

对于谢家华来说，头脑聪敏、才思敏捷、喜欢赚钱，以及一个美国华裔中产阶级的家庭背景，共同为其提供了创业的天然资源。而他所做的也不复杂，就是跟着自己的兴趣，一路勇往直前。

排除家世、学历、头脑等不可复制的个体因素，谢家华的创业案例不乏可供借鉴之处。

首先，不妨从广告中捕捉商机。谢家华的照片图章生意便是来源于此，大多数人也许只停留于“敢想”的地步，而谢家华则把它便成了现实。这并不难实现，“孩子的1美元免费物品”证明此路可行，只需要购买一台特制机器，在杂志刊登广告，并附上地址，等着生意上门就可以了。

其次，将兴趣与商业结合起来。谢家华曾对网页设计产生兴趣，为此甚至放弃了甲骨文的高薪工作，可惜他只是对网页设计带来的充实生活有兴趣，而不是网页设计本身，于是我们看到，这次创业无疾而终。将兴趣与创业结合起来，是获得持久动力的一个方法。但是如果分不清什么是兴趣，什么是一时冲动，最好还是按兵不动，否则，失去的也许不仅是一份工作。

再次，谢家华再次证明了两点：第一，没有哪个投资人不希望公司往好处发展，这常常促使他们希望掌控大权。第二，对于一个创业型企业来说，一群志同道合的伙伴至关重要。构建公司文化是甄别创业伙伴的有效途径，共同的价值观把相同追求的人捆绑在一起，更具竞争优势。

最后，创业并不是什么高深莫测的事情。用一句话来总结，不过是为了更高效地赚钱，以便更好地生活。对“赚钱”二字不必遮遮掩掩，那通常是弱者的表现，关键是要敢于迈出第一步。如果你对“赚钱”感兴趣，并全身心地投身其中，也许你会成为下一个谢家华。

卡梅伦·约翰逊：创业天才的生意经

创业是立足自身获得成功的最佳途径。这不仅会为你今后的生活打下经济基础，还会为你带来更多的东西：锻炼你的创造力、竞争力，全面提升你的能力，丰富你的生活。在创业的同时，你也会因为对其他人的生活有所贡献而感到满足。除此之外，也许最重要的是你赢得了自由：自由地安排时间、自由地按照自己的方式行事、自由地尝试新点子并考验自己的才能。

——卡梅伦·约翰逊

创业路径：笑与泪印刷公司→MyEZMail →MyEZShop →EmazingSites 等 12 家企业

从小做起，步步为营

他 9 岁开始创业，19 岁赚到人生第一个 100 万美元，21 岁时，已经成为 12 家公司的创始人。他，就是卡梅伦·约翰逊，一个美国的 80 后青年，一个从小生意成长起来的“创业神童”。在“美国十大杰出青年”、“最成功的青年创业家”光环的背后，他有着怎样的创业历程和感悟？

1984 年，卡梅伦·约翰逊出生于弗吉尼亚州南部的一个商人家庭。

他的父亲经营着祖上的福特汽车经销店，母亲则打理一家年销售额3000万美元的食品批发公司。卡梅伦出生不久，母亲把公司卖给了美国食品服务公司，帮助父亲照料生意。卡梅伦记事起，便经常跟随父母出差。他虽然听不懂大人们的谈话，但在长期的家庭熏陶中，对生意场逐渐熟悉起来。

卡梅伦从小就对做生意兴趣浓厚，并表现出良好的创业潜质。1991年夏天，卡梅伦从曾祖父母的农场带回一些番茄，准备卖给周围的邻居。他用小推车推着一车番茄，挨家挨户去推销。每个番茄定价1美元，谢绝讲价，因为它们足够新鲜味美。没用多久，整车番茄便销售一空。

天气逐渐炎热起来，一些小孩在街道上摆摊卖柠檬水。卡梅伦发现，他们常常花费半天时间，却卖不出多少柠檬水。他认为品种太过单一，吸引不了行人注意。卡梅伦想了一个事半功倍的主意，他在街上摆了一个小摊，除了柠檬水，还卖其他食品，比如松饼、蛋糕、巧克力，等等，柠檬水的定价比其他小孩稍低一些。这样一来，成功地把行人吸引过来，不仅柠檬水全部卖光，其他商品也一件不剩。长此以往，其他小孩竞争不过，纷纷撤出摊位①。

卡梅伦成了社区最大的柠檬水经销商。但随着夏天的过去，柠檬水市场萎缩，他开始寻找“一整年都能赚到零花钱”的生意。他有许多旧物，想到也许有人愿意花钱买，便决定搞一个拍卖会。

卡梅伦在自家地下室举行拍卖会，邀请周围的小朋友过来捧场，拍卖会大获成功，卖出了许多旧物。后来，卡梅伦自己的旧物所剩无几了，

---

① 出自卡梅伦的自传体小说《我的成功你应该复制》，南海出版社2009年版。

便转而做中介，帮助朋友们拍卖他们的物品，收取佣金。

拍卖会成为固定生意，一连持续三年，其中利润最高的是毛绒玩具。这个发现源于他一次玩游戏的经历：当地游戏厅有这样一种游戏形式，每次花费 25 美分硬币，就可以获得一次用机器夹玩具的机会，夹到即归自己。卡梅伦发现了一个容易得手的机器，他从这台机器上悄无声息地赢回了上百个毛绒玩具，然后在拍卖会上以三五美元的价格卖出去，着实赚了一笔。

无论卖番茄、柠檬水，还是卖旧货、举办拍卖会，以及毛绒玩具，卡梅伦创业的每一个脚印其实都是始于生活中的微小事物。作为小孩童，他当然没有多大的野心，但是他的商业嗅觉却得到了提高，从细微处入手，尝试着沟通、推销、设计与生产，一步一步将生意做成。

更关键的是，正是这些不起眼的平常之物，培养了卡梅伦对生活的洞察力和对现实的感知力，所以他总能从前一个生意中发现下一个商机，在 20 多年的人生经历中创办 10 多家企业。

先做稳，再做大

1993 年圣诞节，卡梅伦收到了一台康柏电脑和一台打印机，作为礼物。他立即迷上了这两件东西，从早上一直摸索到半夜。当母亲去催他睡觉的时候，他居然从中“找了个生意做”。

原来，整个白天，卡梅伦用电脑上附带的 Print Shop Deluxe 软件自己绘制了一些贺卡与信纸，又用打印机将它们打印出来。他认为可以将它们作为商品出售，还特地制作了一份完整的价格表。

第二天，在母亲的鼓励下，卡梅伦设计了一些贺卡，邀请亲戚朋友们来参加母亲的生日派对。第一单生意顺利开张，卡梅伦马不停蹄地制作了2000多张贺卡、信纸、名片，在此基础上，他创办了自己的第一家公司，笑与泪印刷公司（Cheers&Tears printing）。

卡梅伦没钱做广告，只得采取最简单、最基本的方式拓展市场：跑到邻居和亲戚家，面对面地推销。卖番茄时他就是这么干的，显然他从中获得了某种有益的经验。在熟人圈子里利用口碑传播，不失为一种打开局面的好办法。社会上不缺少类似的公司，但当人们真正需要的时候，往往喜欢就近选择信誉良好的公司，而名片、贺卡、信纸等小产品几乎是每个家庭的必备之物。由于质量相差无几，人们更注重设计形式，所以亲朋好友乐意购买卡梅伦的产品，接着又推荐给朋友。

一年时间，凭借口口相传，客户群稳定增长，笑与泪印刷公司业务逐步扩大。与此同时，卡梅伦开始被外界关注。1995年2月，他的故事登上《儿童世界杂志》封面，整个地区的学生都看到了。一年后，地区报社记者对卡梅伦进行采访，写了一篇正式报道，这起到了免费广告的作用。报道刊出不久，卡梅伦家的电话几乎被打爆了，成千上万的人们希望从笑与泪印刷公司订购名片、贺卡和信纸，以至于父亲不得不专门为他安装了一步电话分机①。

卡梅伦迅速成名，越来越多的媒体要求采访他，他将此视为免费宣传公司的良机，来者不拒。

相比商业广告，媒体公开报道有两个显而易见的优点。一、无须花

① 出自卡梅伦的自传体小说《我的成功你应该复制》，南海出版社2009年版。

钱；二、具有公信度。卡梅伦小小年纪就知道借力打力，当然不是天生如此。因为除此之外，别无选择，公司的收入还不足以在媒体上投放广告。然而，随着曝光度的增加，笑与泪印刷公司小有名气，生意蒸蒸日上。当卡梅伦有能力大力宣传的时候，他并没有急着将钱花出去，也没有大手大脚地为自己购买礼物，而是用来升级电脑和打印设备，扩大生产能力，使公司进入良性循环。

在总结笑与泪印刷公司的成功经验时，卡梅伦认为最重要的一点就是：量入为出，保证盈利。小本生意决定了创业者必须考虑现金流，关注每一笔支出，时时做出调整，以便高效利用每一分钱。

通常认为，创业者用一个好点子拉来风险投资是常规的创业路径，至于日后创业能否成功则是另一个话题。卡梅伦认为，财务健康是企业迅速壮大的捷径，与其追求速度，不如先做稳再求大。

与大多数创业者不同，卡梅伦始终坚持稳扎稳打的发展策略。他认为，如非必需，尽量不要引入外部投资，甚至不要从银行贷款。尽管这听起来过于理想化，无可否认的是，资金的充裕可能会令创业者放松对现金流的重视，使其为了迅速占领市场养成花钱如水的习惯，不知不觉在资本泥潭中越陷越深。如果一家富有前景的创业型企业因此夭折，显然不失为一个悲剧。

掐准时机，进退有度

1996年的一天，卡梅伦把妹妹的豆豆公仔挂到eBay网站拍卖，不料，原价100美元的公仔竟被人以1000美元的出价拍走。12岁的卡梅伦当即意识到，“这里面大有商机可挖”。

卡梅伦在网上不动声色地搜寻豆豆公仔制造商，然后按照网上披露的地址，写信申请做它们的零售商。很快他便找到一家愿意合作的工厂，订购了第一批2000个豆豆公仔，一部分挂到eBay出售，一部分放到之前为笑与泪印刷公司搭建的网站上，继续沿用“笑与泪”这个名字。

在当时，电子商务还是新奇事物，公仔制造商尚未建立自己的网站，大部分销售发生在线下，所以才会在eBay出现1000美元的拍卖价。卡梅伦理所当然地成为公仔网络销售中的主角。

卡梅伦每天至少接到40笔订单，仅一个月，第一批2000个豆豆公仔就销售一空。他又批发了几千只公仔，转眼间又卖光了。于是他和更多的生产商建立合作，成为五家公仔制造商的代理商。每个豆豆公仔进价2.5美元，卡梅伦以5到20美元零售，个别情况下可以卖到50美元以上。

卡梅伦从互联网上接受订单，每天睡觉之前把所有订单打包，包裹上贴着他自己设计制作的标签，这样看起来更加专业一些。第二天，赶在邮局关门前将这些包裹全部寄出。

生意就这样有条不紊地进行。网络上开始出现其他公仔零售商。为了增加竞争力，卡梅伦一次性尽可能多进货，以便压低进货价，使出货价更有优势。与此同时，卡梅伦还在网上高价收购一些稀缺豆豆公仔，这是为了以更高的价格卖给公仔收藏者，他们肯花1000美元买一个限量版公仔。

到1997年中期，笑与泪网站成为美国第二大豆豆公仔网上经销商。生意最好时，每月销售额可达1.5万美元。1997年，卡梅伦在这笔生意上赚了 5 万美元，这时，他不过 13 岁[①]。

销售旺季过后，1997 年秋天，卡梅伦减少了豆豆公仔的进货量。第二年，他关闭了笑与泪网站。1999 年又把专门经营批发生意的另一家网站出售给他人，完全退出了这个领域。

当时豆豆公仔在美国的销量达到历史新高，卡梅伦却从中察觉到危险的讯号。作为业内人士，不难发现豆豆公仔存在投资泡沫——无数公司囤积了成千上万只豆豆绝版公仔，通过人为炒作抬高市价，希望从中大捞一笔。卡梅伦年纪轻轻，却懂得适时收手，他掐准时机，全身而退。

整合资源，为我所用

1998 年，卡梅伦一面从豆豆公仔领域撤离，一面寻找新生意。他从互联网热潮中再一次发现了商机。

随着电子邮件开始流行，垃圾邮件应运而生，成为困扰人们的一个问题。当时的电子邮件运营商还没有垃圾邮件清理服务，备受垃圾邮件困扰的卡梅伦决定自己开发一种免遭垃圾邮件骚扰的服务。

卡梅伦准备开办一家新公司 MyEZMail，向注册用户提供电子邮件转发服务。一旦注册成为 MyEZMail 用户，用户真实的电子邮件地址即受到保护，被隐藏起来，同时可以拥有一个以“@ myezmail. com”为后缀的邮箱作为收信地址。通过这个邮箱，过滤垃圾邮件，将真实有效的邮件发送到用户常用邮箱，免除用户邮箱地址泄露遭受垃圾邮件骚扰的后顾

---

① 数据来自卡梅伦的自传体小说《我的成功你应该复制》，南海出版社 2009 年版。

之忧。

在盈利模式上，卡梅伦决定采取免费策略，吸引用户注册，然后通过广告来赚钱。用户量越大，点击率越高，对广告商的吸引力就越大，从而可以抬高议价能力，说服他们花更多的钱来投放广告。

以上只是卡梅伦的商业构思，将之变为现实离不开一套阻拦垃圾邮件的专业软件。卡梅伦并非编程高手，不得不另外雇用专业人士，他在网上找到了一个程序员。卡梅伦与他签署了一份合同，以 2500 美元雇他编写这样一套软件，首付 25%，完成一半时再付 50%，交工后支付剩余报酬。

2500 美元不是小数目，那几乎是卡梅伦能拿出来的所有流动资金。他对风险进行了全面、仔细的审慎评估，认为这项生意在客观上存在广泛需求，值得放手一搏，于是将所有钱都拿来运作这个项目。没过多久，卡梅伦得到了他想要的软件，MyEZMail 公司开始正式运营了。短短几周时间，注册用户便突破了 600 人，还有几十家广告商付费投放网络广告。

随着业务量的攀升，卡梅伦一人完全应付不来，他专门雇佣了一家媒体公司作为广告代理商。在合作方式上，按照有效业务量计算报酬。具体而言，每拉来一条广告对方抽取 35% 的广告费作为佣金。与此同时，卡梅伦花费 2000 美元，买来一套自动注册系统，将网站升级到自动运营模式①。

一年之后，MyEZMail 注册用户突破了 1 万，公司进入实质性盈利阶段。源源不断的网络广告让卡梅伦轻松收回了前期 4500 美元的投入，每

---

① 出自卡梅伦·约翰逊自传体小说《我的成功你应该复制》，南海出版社 2009 年版。

月仅需支出15美元服务器代管费，剩下的事情完全不用卡梅伦操心。广告交给媒体公司代理，网站自动运行，卡梅伦坐着就能收钱了。

从一个好点子到一门“坐地收金”的好生意，少年卡梅伦只花了4500美元和不到一年的时间，便完成了这个跨越。这个过程中，最关键的是分工与协作，卡梅伦懂得把专业的事情交给专业机构去做，整合各方资源为我所用，从而迅速搭建起了运营平台。如果事必躬亲，成功不会来得这么容易。

在现有基础上寻找商机

MyEZMail之后，卡梅伦又顺便创办了MyEZShop。MyEZShop可以说“得来全不费工夫”。

1999年，亚马逊公司推出一项旨在扩大市场份额的“伙伴计划”：凡与亚马逊建立伙伴关系的网站，均可以出售亚马逊上的一切商品，亚马逊拿出销售额的一小部分，作为分成给这些合作伙伴。

此时MyEZMail已经积累了可观的客户群，卡梅伦认为应该好好利用这笔资源，他想到了亚马逊的“伙伴计划”。为何不专门开辟一个购物网站，将MyEZMail的客户群嫁接过来呢?

卡梅伦有些编程基础，完全能够应付局面。他自行搭建了一个网站框架，然后申请成为亚马逊、巴诺书店、奥马哈牛排等网上商店的伙伴，把它们的地址链接到网页的左侧，将广告排列在右侧，中间是“本周店铺”，这就是MyEZShop。卡梅伦与65家网络商店建立伙伴关系，涉及玩具、图书、旅游用品等门类，俨然一个专业的购物网站。1995年5月，网站正式张开。

MyEZShop 其实起到了中间推广的作用，运营成本几乎为零，它所做的只是将尽可能多的用户引向网上商店，并达成实际交易。通过 MyEZShop 上的链接，用户从亚马逊等网站每购买一件商品，卡梅伦将获得 2% ~3% 的提成。尽管每笔交易分成并不多，但只要提高交易量，收入就很可观了。

当然，这需要大量的客户基础。卡梅伦决定在 MyEZMail 网站添加 MyEZShop 链接，为其免费做广告，希望把 MyEZMail 的用户吸引过来。这个办法很奏效。MyEZShop 的交易额迅速攀升至每月两三万美元，卡梅伦月收入在 600 至 1000 美元，加上广告收入全年可赚 1.5 万美元①。

MyEZShop 问世不久，竞争者出现了，一夜之间涌出几十个类似网站，疯狂抢占市场份额。卡梅伦并未加入厮杀，而是任其自由发展。依靠稳定的客户基础，MyEZShop 保持稳定的盈利。直到 2000 年，卡梅伦才将 MyEZShop 转手卖给别人，后来 MyEZShop 转型为网络服务供应商。

2001 年，卡梅伦把 MyEZMail 也卖了，它后来从电子邮件服务商转型为搜索门户网站。

“谨慎挑选你信得过的人”

为什么把尚在盈利的两个网站卖掉呢？原来，卡梅伦找到了一个更有意思的项目：网站设计。

---

① 本段数据引自卡梅伦的自传体小说《我的成功你应该复制》，南海出版社 2009 年版。

随着互联网的蓬勃发展，越来越多的公司开始希望拥有自己的网站，客观上存在着大量硬性需求，使网站设计兴盛起来。1999 年，卡梅伦创办了一家网站设计公司，取名为“e 鸣惊人”（EmazingSites），他还想了一个振奋人心的口号：“我们能让您的网站 e 鸣惊人”。

卡梅伦将客户群对准那些还没有网站的小公司，它们对网站设计的技术要求较低，卡梅伦自己一个人就能完成。工作量增加之后，卡梅伦开始聘请一些临时员工，大多数是他之前结识的网站设计师。后来，网站设计变得复杂起来，需要专业化的人士来操作，卡梅伦便组建了一支团队。

为了吸引高手加入，卡梅伦除了提供有竞争力的薪酬，还分出小额股权作为激励。他不再把公司当成私人财产，而是学着与整个团队“分享所有权”，一起将公司做大做强。这标志着卡梅伦开始从创业者向管理者转变。然而在这个过程中，一些别有用心的人混进了团队，损害了公司的利益。在将其驱逐出去后，卡梅伦得到了一个教训——“谨慎挑选你信得过的人”。

卡梅伦意识到，组建有竞争力的团队并不只是将一批聪明人召集在一起那么简单。如果不能保证团队的凝聚力，即便再多的聪明人，也不可能形成合力。如此一来，不但难以发挥集合效应，还可能影响团队的整体实力。因此，此后每遇到一个求职者，卡梅伦都会在心里自问：“我们是不是适合在一起工作，能够闯出什么大名堂？”① 精挑细选，他组建了一支气质相投的团队。

---

① 引自卡梅伦·约翰逊自传《我的成功你应该复制》，南海出版社 2009 年版。

网页设计属于创业产业，成本不过是时间、精力和技术，只要拿得出优秀的产品，不难保持较高的收益。在团队的协作下，EmazingSites 持续运营了好多年，逐渐成为行业内的知名品牌，从单纯的网页设计扩展到集多种网络产品和服务为一体的综合性网站，最后被卡梅伦卖掉。

善于利用声势

2003 年秋，卡梅伦·约翰逊进入弗吉尼亚理工大学。入学不久，他便捕捉到一个创业灵感。

当时美国社会正盛行礼品卡，卡梅伦也收到许多亲戚朋友赠送的购物卡。由于身在学校，而其中一部分礼品卡只能在家周边的商店使用，还有一部分卡梅伦压根不喜欢，也不打算用来消费。这样一来，这些礼品卡便成了闲置资产，扔掉不免可惜，不扔又没有好方式来处理。

卡梅伦了解到，大多数美国人都存在这种苦恼。人们常用的办法是，把暂时不能用或不喜欢的礼品卡直接丢到抽屉里，直到几年后渐渐淡忘，再翻出来时只能当做废品处理。结合自身经历，卡梅伦心想："能不能从这些被遗弃的礼品卡中挖掘些商业价值呢？"比如将它们兑换成现金，或者用得着的礼品卡。在随后的调查中，卡梅伦发现了一件怪事：许多人在网上自行拍卖礼品卡，但并没有任何一家专门的礼品卡交易网站。他由此判断，礼品卡交易网站将大有前途①。

---

① 出自卡梅伦的自传体小说《我的成功你应该复制》，南海出版社 2009 年版。

卡梅伦还发现，几乎每家商店、餐厅、公司都提供礼品卡。在圣诞和新年期间，约有 70% 的消费者收到或送出至少一张礼品卡。粗略估算，这个行业市值高达 400 亿美元。卡梅伦决定放手一搏，他找来一个做网站设计师的朋友纳特·特纳，合伙搭建“卡卡交易网”。

特纳当时只是一名高中生，经营着全美最大的爬行动物交易网站，他曾经以 3 万美元的高价卖出一条蛇。接到卡梅伦的邮件，特纳当即回复：“这是个伟大的主意！我愿意和你一起做。”两人分工如下：卡梅伦负责统筹全局，主管营销、推广；特纳负责技术协调。为了尽快做好网站，他们找来一个设计师做前端网站设计，一个设计师负责后端技术问题，特纳进行统筹。

与此同时，卡梅伦和特纳拿出大笔资金，采购数百种礼品卡，只等网站开张后上线交易。

为了制造声势，卡梅伦拿出 1.5 万美元，雇用一家大型公关公司进行为期三个月的公关活动。公关活动成效显著，网站正式上线前，卡梅伦以创业明星的姿态频频曝光，美国大小报刊上充斥着关于他的网站的各类报道。置身聚光灯下，卡梅伦游刃有余，娴熟地为自己的网站制造声势。

2003 年 12 月 15 日，圣诞节来临之前，“卡卡交易网”（CertificateSwap. com）正式上线。一时间，吸引了全美各大媒体的关注。《今日美国》、《纽约时报》、《时代周刊》、《新闻周刊》等报刊不惜笔墨，而 CNN、CBS 等广播公司也不厌其烦地报道卡梅伦和他的新业务。

通过铺天盖地的媒体报道，“卡卡交易网”被成百上千万美国民众记住，生意好得一塌糊涂，上线第 1 周访问量便突破 10 万人大关，卡梅伦和特纳囤积的数千张礼品卡转眼之间销售一空。随着越来越多的人注册为会员并进行实际交易，“卡卡交易网”的议价能力与日俱增。卡梅伦成功说服礼品卡经销商授予委托销售权，等到卖出礼品卡后再进行结算，资金压力骤然缓解。后来，各行各业的商家主动委托“卡卡交易网”销售他们的礼品卡，不惜给出大幅折扣。

就连卡梅伦也没有料到，1.5 万美元的公关费居然产生如此巨大的成效。“卡卡交易网”成功起飞，一夜之间红遍美国。这虽与其行业独创性密不可分，但同样离不开公关造势。比起动辄数十万甚至上百万美元的广告费，1.5 万美元简直不值一提，但一经使用得法，却能事半功倍。

不必留恋一时成功

在经营“卡卡交易网”的期间，卡梅伦与特纳又创立了一家网站：“真实奖励网”（Trueloot）。

从本质上讲，“真实奖励网”其实是一家广告运营商。它的运营模式是：用户注册时提交一份兴趣清单，注册成功后会收到一定数量与兴趣相关的邮件广告，可以选择观看，也可拒绝接受。不过，多数用户都会选择接受并浏览广告，因为点击观看的广告越多，账户中的点数越多，而这些点数是可以兑换现金的。付费请用户看广告，这就是“真实奖励网”的商业精髓所在。

可以说，“真实奖励网”生逢其时。2004 年前后，互联网经济的复苏催生了互联网广告的再次繁荣，各式各样的互联网广告形式应运而生。

在这样的大背景下，广告商愿意花更多的钱投放网络广告。卡梅伦与特纳正是抓住了这个机会，不失时机地推出了“真实奖励网”。

为了拓展业务范畴，卡梅伦计划开展手机接收项目，向注册用户手机中固定投放符合其兴趣的广告信息。这等于把网络广告移植到手机上，要知道那可是2004年，手机上网还是一件奢侈之事。手机号码的针对性无疑会使投放效果获得提升。这个项目的开展，需要技术支持和用户的首肯，但前景广阔。据粗略估算，行业价值不低于150亿美元。然而，计划尚未全面实施，卡梅伦和特纳便将“真实奖励网”转手卖予他人。对他们来说，这是家常便饭，毫不觉得可惜。

卡梅伦和特纳最初并不打算卖掉“真实奖励网”，最后选择这么做，多少受到媒体报道的影响，

2004年7月，“真实奖励网”上线。当时卡梅伦恰好接到一档电视节目的专访邀请，他灵机一动，在电视上直播“真实奖励网”的开张仪式。结果，“真实奖励网”变得和那当著名访谈节目一样出名。人们第一次听说收看广告还可以赚钱，纷纷注册加入，一探究竟。到了9月份，“真实奖励网”注册会员达到5000名。这时，卡梅伦和特纳业务繁重，无暇同时管理两家网站。在年底，他们公开拍卖“真实奖励网”，把它卖给了出价最高的竞拍者。

时至今日，28的岁卡梅伦已经成功创办了12家企业。从9岁算起，平均不到2年便创建一家公司，如此高的频率似乎可以表明，创业已经融入他的生活。卡梅伦总是源源不断地产生新的灵感，并勇敢地付诸实践。他并没有把创业当成一件严肃的事情，而是用轻松的心态经营。在他看来，创业是使生命效率最大化的一种途径，而既有的成功只不过是

下一次起跑的开始，这注定了他不会在一家企业上花费太长的时间。也许，这就是他能连续创业成功的内在特质。

小结：连续创业不妨从小处着眼

作为一个连续12次创业成功的美国青年企业家，卡梅伦·约翰逊身上有太多值得借鉴的地方。其中以下几点迥异于他人，尤值一提，能给创业提供了一种全新的思维和视角：

小生意，大商机。卡梅伦并不轻视小生意，无论卖柠檬水还是卖豆豆公仔，哪怕不起眼的番茄，他都当生意来做。赚钱为第一要义，也是最大乐趣，从中源源不断地发现商机。创业者最忌讳眼高手低，动辄口出豪言，或者抱怨找不到商业机会。实际上，机会来源于细节。须知：生意无大小，创业无优劣，做好便成功。

保持财务健康。卡梅伦创业完全使用自有资金，而不像本书中其他人物那样，引入外部资本。这或许是例外，但并非误打误闯或特立独行，而有其内在合理性。不难发现，卡梅伦总是选择小成本创业途径，规避创业风险，并善于利用媒体宣传制造声势，免去推广费用。企业开始盈利后，他又把收入持续投入生产经营，或者进行下一轮创业。

别出心裁，对资源进行二次开发。互联网时代，忠诚的用户是无比珍贵的资源。而他们又建立在前一次创业成功的基础上，如果能够找到新的商业机会，将用户群嫁接过去便是一条创业捷径。实际上，不止互联网领域，其他行业，形同此理。如果你是个拥有一定资源的创业者，也许可以像卡梅伦那样，换个点子，试一试下一轮生意。

最后，逆向思考也许可以通往商业新天地。比如卡梅伦的“真实奖励网”，大凡广告都是免费形式，被用户当做可有可无的事物。卡梅伦突破常规，花钱请用户看广告，再从广告商处收费。

季琦：连环创业启示录

创业和一个人的性格相关。不是所有人都适合创业，有些人天生就比较保守，不愿意承担太多风险；有些人好面子，豁不出去；有些人内向，不太愿意和别人交往和沟通。这些人可能不太适合创业，至少不太适合单独创业，可以找互补的伙伴一起创业。

——季琦

创业路径：协成科技有限责任公司→携程旅行网→如家连锁酒店→汉庭连锁酒店

学生创业："没有远大的梦想"

他是多家企业的创始人，先后把三家公司送入纳斯达克交易市场；他是人们眼中的"创业英雄"，还是投资者心目中的蓝筹创业者。他，就是季琦。耀眼光环的背后，是一条辗转周折的人生之路。

1966 年，季琦出生于江苏省如东县一个农民家庭。季琦从小便不安分，期望有朝一日可以走出这片土地，到更广阔的天地中拼搏。那个年代，读书考大学是农家子弟改变命运最有效的手段。季琦不负众望，1985 年高考，以全县第二名的成绩，从如东县中学考入上海交通大学工程力学系。

那年秋天，季琦乘坐渡轮在十六铺登陆上海。从农村到县城，再到上海这个大都市，季琦的眼界逐渐开阔，然而书本中的世界比城市对他更有吸引力。他将绝大多数时间放在阅读上，在图书馆广泛涉猎人文社科等各个领域，不经意间培养了人文底蕴。后来他回忆说："那一段学习生活，看的书籍，接受的西方思潮，给自己决策未来的事业、人生奠定了坚实的基础。"①

更显著的变化发生在外在。在环境的潜移默化下，季琦从穿着"高帮雨鞋"的农家子弟摇身一变成为打电玩、关注数码产品、追捧苹果产品的城市青年。城市的商业气息终究浸入他的身心。

如果本科生活给季琦带来思想上的成熟，那么读研生涯则是他走向社会的开始，为他奠定了未来的方向。

1989 年，季琦本科毕业，因为专业就业面窄，工作没有落实，只好回老家，托关系敲开了南通第二设计院的大门。上班前一天，季琦突然改变主意，认为自己通过考大学终于实现了走出农村的愿望，现在居然又回到原点，大学岂不是白念了？几番思量，季琦认为关键在于专业。高考时听从某个老师的建议，懵懂地填报了工程力学，进入大学才知道这个专业相当冷门，并非老师说的给包工头算土方的，到最后就业都成了问题②。为了获得留在城市的机会，季琦决定进一步深造，他回学校报考了机械工程系机器人专业研究生，最终被成功录取。

上海交大机器人专业是一个实力雄厚的知名专业，是培养科学精英

---

① 摘自赵旭新浪网专栏文章《网者王——中国互联网创业者档案——连载 10：携程旅行季琦》，2000 年 9 月 7 日发表。

② 引自朱瑛石、马蕾编著：《第一团队：携程与如家》，中信出版社 2008 年版。

的好地方。当时，有许多人认为季琦毕业后无疑会去科研单位奉献一生。然而，季琦骨子里的不安分很快表现出来。

大学校园是许多创业者开始追逐梦想的“温床”。比尔·盖茨辍学开创微软，马克·扎克伯格在校园局域网上搭建 Facebook 的雏形……大学不单是象牙塔，俨然变成一个实现自我价值的舞台。

1992 年，邓小平南方讲话释放了中国人的经商热情。在全民经商的社会氛围中，季琦也不甘寂寞，在商海中初试牛刀。季琦很快发现一个供需市场：新生入学时需要购买大量日用品和书籍，而毕业生刚好有许多物品需要处理，于是便做起收购生意，从毕业生那里低价收购二手货，利用暑假的时间修整一新，趁开学之际出售给大学新生，赚钱差价。其中利润最大的是调光台灯。台灯构造简单，容易打理，稍加清理就焕然一新。作为生活用品，其需求旺盛。

季琦第一次尝到了赚钱的乐趣，后来干脆入伙同学的电脑公司，为别人组装电脑、组建网络。因为需求量巨大，生意火爆，一下子变成了同学中的“有钱人”。季琦出手大方，经常请同学下馆子，还时髦地别了一台 BP 机。毕业时，他手中已有几万块钱。关于这一时期的创业，他在自传《一辈子的事业：我的创业非传奇》中写道：“只是为了改善生活，没有远大的梦想。”

“先做人，再做事”

临近毕业，一心想进外企的季琦放弃了留校机会。广州宝洁来招聘，3000 元的月薪颇有诱惑力，季琦表现出色，从几百名面试者中脱颖而出，但因不愿将户口迁往广东，最终与这份工作失之交臂。

这时的季琦并没什么远大理想，现实问题无非是工作和饭碗。他希望留在上海发展。最迫切的愿望是找一家可以接受户口的单位，因此当上海老牌国企长江计算机集团旗下计算机服务公司前来招聘时，他果断应聘并顺利签约。但季琦并不打算本分地待在体制内，只是想过渡一下，落户后辞职走人。他甚至拍着上司的肩膀，坦言自己干不长，过几个月后就会辞职。

季琦快人快语，若碰见一个严厉的上司，结果可想而知。幸运的是，他碰见的是胡亦邦。此人是一个态度温和、宽宏大量的管理者，他非但一点不生气，还和蔼地劝告季琦“做人先做事”之类的道理。这些话，季琦当时并不能完全听进去，但事后想来，也有一定的道理。季琦在随后的工作中发现，自己积累太少，而在公司还可以学到许多东西，于是暂时放下了离职念头。

当时长江计算机集团推行改革，要求下属分公司自负盈亏。上海计算机服务公司许多员工跳槽走了，只剩下一些技术人员和销售人员，总共不到20号人，大家都开始为未来担忧。一次开会，所有人都闷不作响，季琦大胆提议：不必与其他公司竞争卖电脑，不妨做一些大项目。

胡亦邦当即任命季琦为销售部项目经理，其实就是一个光杆司令。季琦整日骑着自行车寻找客户，每每扫兴而归。一天，他骑车经过上海证券交易所，发现非常火爆，突然联想到证券交易需要大量的电脑，所有的证券公司进场交易，都必须经过上交所核准。因此如果能拿下上交所的电脑采购，出于系统配套、程序稳定等原因，也就容易敲开其他证券公司的大门。

抱着试试看的心态，季琦去上交所推销电脑，结果被拒之门外。他四下打听，找到一位在上交所任职的校友，终于拿下上交所的电脑订单。随后，果然如其所料，开始有证券公司主动上门采购。

季琦将全副精力都放在工作上，业务越做越大，逐渐体会到做人与做事的不同。人们常常以为职场和商业险恶多端，只有足够聪明才能吃得开，然而，许多时候纯真本性更加有效。

实际工作中，季琦身上那种特有的“纯朴憨厚”感染了许多人。虽有傲气，但季琦并不是清高之人。他有一副热心肠，总是喜欢为别人排忧解难。同事电脑出现问题，他总会像朋友一样去帮忙。因此逐渐交了很多朋友，都乐意介绍业务给他。在他的努力下，公司赢得了交通银行总行、甲骨文公司等大批优质客户资源。他也从普通员工成长为市场部和销售部的经理，他和助理两人包办了公司 80% 的营业额，他自己一年创造的利润则达到了几百万元。

大学时，季琦最大的梦想就是“在学校附近拥有一套房子”。工作后，这个梦想很快实现了，单位分给他一套 1 室 1 厅的房子。然而，这时候，季琦又有了新的追求，他开始希望拥有自己的事业。

两年中，季琦能力有目共睹。他顺利地成了公司第二把手，但上升空间有限，已不能满足他开拓进取的雄心。同时，国企冗余的行政体制、低下的工作效率和欠缺的激励制度让季琦无法充分地施展拳脚。人们常说，“当你改变不了环境时，要么适应它，要么离开它”，季琦选择了后者。

1994 年，他以探望留学的妻子为由辞职，带着 1 万美元前往美国，去寻找事业的新起点。

他人的生活透射自己的未来

季琦很快发现，自己的学历在美国根本不算什么，区区 1 万美金更做不成什么。学历、资金、人脉尚在其次，关键在于他没有明确的方向，创业只能从长计议，直到一次偶然的经历。

1994 年 9 月 17 日，星期六，季琦记忆中一个永难磨灭的日子。这天，他到甲骨文公司总部拜访一位多年不见的老同学。见面之后，两人互叙别情，同学向季琦介绍风头正盛的雅虎网，告诉他可以在上面搜到任何资料。季琦随口说出达·芬奇名画《蒙娜丽莎》。一杯咖啡的时间，《蒙娜丽莎》便从电脑屏幕上渐次显现。季琦有点不敢相信眼前所见，直呼："这东西太神奇了！"①

兴奋感很快变成成千上万种莫名其妙的想法，在季琦头脑中四处冲撞。他盯着电脑屏幕发呆许久，理不清头绪，只是隐约觉得"互联网一定能改变人们的生活方式，也能改变现在的商业模式"②。

互联网在季琦心中扎下了根，但他一时间并没有明确方向。他原本对外企颇为神往，打算找一份与专业相关的工作，但看到同学在甲骨文公司的境遇，他改变了这个念头。"我要在这里，和他们差不多，而且终点也很明了。那么，这条路对我来讲就没有什么意义了。"③

于是，创业的想法又冒了出来。

---

① 来自朱瑛石、马蕾编著：《第一团队：携程与如家》，中信出版社 2008 年版。

② 来自朱瑛石、马蕾编著：《第一团队：携程与如家》，中信出版社 2008 年版。

③ 摘自赵旭新浪网专栏文章《网者王——中国互联网创业者档案——连载 10：携程旅行季琦》，2000 年 9 月 7 日。

1995 年，在美国过完新年，季琦回国寻找思路。抵达上海不久，一天，季琦接到一个电话，对方是北京中化英华智能系统有限公司总经理，是季琦以前在上海计算机服务公司的客户，刚好来上海出差，邀他见面。得知季琦的处境，对方邀请他加盟。当时国内正兴起智能大厦建设热潮，写字楼综合布线系统市场巨大，该公司在这方面享有盛名。季琦于是很快便答应下来。

季琦的头衔是华东区总经理。他拿着总公司给的 10 万元启动资金，招聘人马，开展业务。

1995 年 12 月，北京中化英华智能系统有限公司上海分公司成立。季琦招聘了 10 多名业务员，亲自培训，将他们培养为销售精英。此后两年，这支队伍为公司拉来 3000 多万元的订单。

正当季琦准备扩大规模的时候，从北京传来一个重磅消息：作为中化公司和英华公司的合资型公司，中化英华将被卖给了中化公司。闻听此事，季琦大惊，他不愿看到自己辛苦创办的上海分公司就此改名换姓，于是四处找资本，希望有人愿意收购中化英华。但是，中化公司坚决不卖。

季琦第一次见识到资本的力量，无奈之下，他只好带领团队离职。1997 年 9 月，他创办了自己的第一家公司：上海协成科技有限责任公司，专门从事写字楼智能系统，与老东家成了竞争者。在徐家汇华仑大厦综合布线招标中，协成公司击败中化英华，成功中标，从这个项目上赚了 30 万元。

之前在上海计算机服务公司认识的客户听说季琦创业，纷纷前来捧场，给他带来不少业务量。到 1997 年年底，不过 4 个月时间，公司账面盈利已达100多万元。此后两年，季琦将业务拓展至系统集成、软件开发等方面。一次，在给甲骨文中国做ERP咨询分包时，季琦结识了甲骨文中国区技术总监梁建章。梁建章与季琦意气相投，言谈甚欢，两人很快成了好朋友。

协成公司发展迅猛，1年为季琦个人带来了一两百万元的收入，但他并不满足。他开始希望建立一家上市企业，“实现财务上的完全自由，吃个面条、打个车再也不用考虑是否划算的问题”。① 这时候，潜藏在心底的互联网创业热情悄悄探出头角，季琦开始有意识地寻找新机会。

找到伙伴，一起上路

1999年，春节过后不久，季琦在徐家汇一家酒家安排饭局，邀请梁建章与交大校友沈南鹏、范敏等人聚会。席间，四人天南海北地闲谈，最后话题落到互联网经济上。梁建章提议：“最近互联网很火，不如我们也做一个网站吧。”这句话再次勾起季琦对互联网的热情，他立马说：“好哇！”②

做什么网站呢？他们列举了许多门类，从门户网站、招聘网站到电子商务，几乎涵盖当时能想到的所有类型，然后逐个评价，剔除不合适或不具市场潜力的，最后只剩下旅游网站。

大家一致认为，“旅游网既符合整体经济的发展水平，又与老百姓的生活息息相关，还容易实现电子商务”。于是，四人决定“一起在中国

① 引自《IT经理世界》2010年第21期文章《季琦：连环创业家》，作者樊兰。
② 引自季琦自传《我的创业非传奇：一辈子的事业》，广东经济出版社2011年版。

做一个向大众提供旅游服务的电子商务网站”。①

就在刚刚过去的 1998 年，中国国内旅游收入达到 2391 亿人民币，国际旅游外汇收入达 126 亿美元，中国正在向全球最大的旅游市场迈进。然而，与此形成鲜明对比的是，国内旅游市场开发不利，旅行社生意每况愈下。季琦发现，国内旅行社在服务、管理、收费等方面不尽如人意，仅占整个旅游市场的 5%，其余 95% 的份额都是散客，这让他看到旅游网站的机会所在。

创业过程中，人的因素很重要。任何项目都需要专业的人员去管理和执行，否则再好的项目也只能是中看不中用的空中楼阁。对于此次创业，强有力的团队是他们的信心保证。

四人中，季琦与范敏、沈南鹏均是上海交大毕业。范敏和他一样，在上海交大完成本科和硕士课程，毕业后进入上海新亚集团，后来跳槽到海伦宾馆，从实习生一步步做到总经理的位置。

沈南鹏和复旦毕业的梁建章则是另一个路数。沈南鹏本科毕业后到哥伦毕业大学数学系深造，一年后转入耶鲁大学读 MBA，毕业后进入华尔街，先后在花旗银行、雷曼兄弟和德意志摩根建富任职。梁建章的专业是计算机，15 岁便考入复旦大学计算机本科少年班，后来到乔治亚理工学院攻读计算机硕士学位，21 岁便成为美国管理会计协会和美国生产制造协会的注册会员。1997 年，梁建章加入甲骨文公司，同年回国，负责中国区域的技术业务。

不难发现，四人都是各自领域的精英，各自的专长与旅游网站的创

① 引自季琦自传《我的创业非传奇：一辈子的事业》，广东经济出版社 2011 年版。

业主题契合，并相得益彰。当时担任德意志银行亚太区总裁的沈南鹏谙熟资本运作；季琦对商业尤其敏感，擅长市场营销；范敏在旅游系统从业十年，有丰富的本土人脉资源和管理经验；而梁建章则是互联网高手。

对于创业成员的各自特长，四人心知肚明。生平喜欢打比方的范敏曾在媒体上做过一番形象的比喻："我们要盖楼，季琦有激情，能疏通关系，他就是去拿批文，搞来土地的人；沈南鹏精于融资，他是去找钱的人；梁建章懂 IT，能发掘业务模式，他就去打桩，定出整体框架；而我来自旅游业，善于搅拌水泥和黄沙，制成混凝土去填充这个框架。楼就是这样造出来的。"①

1999 年 5 月，四人投资 100 万元，共同创建携程旅行网。沈南鹏投资最多，担任董事长兼首席财务官，梁建章任首席执行官，季琦为总裁，执行副总裁是范敏。当时整个公司只有 30 多号人马，为了节省开支，他们在徐家汇教堂南侧的气象大楼和季琦的协成公司共用一个办公场所。以此为起点，这个四人创业团队在之后的 8 年打造了两家纳斯达克上市公司。

明确责权，分工协作

公司虽然建立，但距离正常运营还有很长的路要走，所以，真正的创业才刚刚开始。

虽然在日后被称做"携程四君子"，但是他们付出的创业精力并不

① 引自《中国企业家》2006 年 5 月刊《携程入侵传统旅游业 互联网改变行业规则》一文。

对等。四人当中，沈南鹏、梁建章和范敏都是企业高管，有自己的本职工作，只有季琦自己当老板。风险与成本是每一个创业者不得不考虑的事情，四人也不例外，关键是他们能够理性分析，并进行合理分工。

创业初期，为了追求效率，核心人物必不可少，他并不一定要做到面面俱到，但必定是能够带领团队迅速打开局面的那个人。携程创业四人组中，只有季琦有创业经验，在上海地界人脉广泛。综合比较，他是支撑大局的最佳人选。有一次，梁建章对他说："要不你先把公司做起来?"季琦说："好啊！反正我本来就在'海'里，没有什么可失去的。"①

于是，季琦成了携程的创业主角，亲自负责市场调研、员工培训、网站搭建等一切大大小小的事务。而梁建章、沈南鹏和范敏则在工作之余参与创业，更像在辅佐季琦创业。现在看来，这样的安排虽有现实因素，却恰恰让携程避免了各种纷争，从一开始就有一条清晰的发展主线。

对季琦而言，创业是一场战役，并非一个人的战斗。尽管条件艰苦，他却信心十足，携程虽然一穷二白，但比起协成科技初创时的艰难，已有很大进步。多年创业，季琦懂得了人才是创业的根本。如果有一支富有战斗力的团队，便可攻克重重难关。他每次出差回来，都会给公司每个人带礼物，一包香烟、一盒巧克力，东西虽小，情谊不小，就这样凝聚起团队的力量。

作为创业主角，季琦果然不负众望。最终搭建起公司框架，让携程从一个茶余饭后的计划变成活生生的现实。在携程拿到第二笔风险投资

---

① 引自朱瑛石、马蕾编著：《第一团队：携程与如家》，中信出版社 2008 年版。

之后，梁建章等三人辞去工作，全身心地参与创业。

在外人看来，其他三人似有不劳而获之嫌，但实际上，无论当时还是以后，包括季琦在内，均对此坦然处之。后来，四人职务发生种种变化，却并未影响他们间的关系。携程壮大之后，四人再次联手创办如家，并成功登陆纳斯达克，四人由此被誉为中国创业“第一团队”。

创业只是发自改变现状的渴求，抛开成功的光环和外界的赞誉，四人并未料到日后种种结果。实际上，他们只是根据当时的现实条件，选择最合适、最高效的合作方式，只为将公司办成功。

然而，如同所有创业者一样，他们很快遭遇了最现实的一道难题：前期启动资金告罄了。

救命钱得来不易

众所周知，互联网是一个烧钱的行业，选择在这个行业创业，意味着巨额的投入，并且面临许多变数。

20 世纪末，网络热潮席卷中国。一夜之间冒出众多 IT 公司，但是真正生存、发展、壮大起来的少之又少。大多数公司在资金用完后，并未找到赢利点，于是纷纷破产。携程恰恰成立于互联网泡沫破裂前，却无比幸运地躲过了这轮致命的危机，这其中多半是季琦的功劳。

季琦在多年后曾对记者说：“汽车刚刚启动时，烧的汽油很多。”但是 1999 年的他没有想到，“烧油”的速度竟如此之快。携程于 5 月成立，

6月启动业务，不到两月，100万元投资便要花光了①。

在公司账上最后一笔资金用出去之前，季琦等四人必须找到投资，否则前期付出就将打水漂。

四个创始人中，沈南鹏是投行出身，当时是德意志摩根建富中国区负责投资的董事。但他并没有向外界想象的那样，为携程带来丰沛的资本。沈南鹏后来解释说："有媒体说我以前做投行，所以融资比较容易，其实根本不是，哪有那么容易？一些投资银行看不上小企业生意。"

结果，还是季琦出马，利用之前打下的关系，从著名的风投公司IDG拉来50万美元。

季琦1997年准备收购中化英华时，曾找过IDG的投资人章苏阳，并成功说服对方出资助自己一臂之力，虽然后来此事不了了之，但章苏阳因此与季琦有了接触。后来，IDG投资的一家综合布线公司经理卷钱开溜，公司群龙无首，章苏阳邀请季琦过去代为管理，将局面稳定了下来。

1999年夏末的一天，季琦拨通章苏阳的电话，约他见面。章苏阳是一个低调理性的投资人，见面后寒暄一番便直奔主题。季琦介绍完携程的处境，章苏阳并没有立即答复，而是要回去考虑一下。当时国内热门的三大门户网站吸引了众多投资者的目光，相比之下，旅游网站尚属先例，没人知道携程这条路能不能走得通。章苏阳一直没有回复，季琦有些着急了。

几个星期后，季琦终于接到章苏阳的电话，邀请他们四个人一起过去，和IDG的人"见一见面"。

---

① 引自朱瑛石、马蕾编著：《第一团队：携程与如家》，中信出版社2008年版。

到了约定的地点，IDG 技术投资基金周全等人已虚位以待。周全开门见山地问："我想了解一下，你们创办携程的目的是什么？"季琦毫不保留地说："我们觉得互联网是一个很好的平台，它可以让个人的能力得到更好的发挥，利用互联网的力量可以让自己的产品方便更多的顾客。"周全又问："10 年后，如果携程做大，创业团队准备干什么？"在场的四人全被这个问题问懵了。坦白说，他们谁都没想过这么长远的事情，只是觉得"互联网能做大"。

接下来，IDG 方面又问了许多莫名其妙的问题，第一次会面就这样结束了。大约过了半个月，季琦得到一个好消息：IDG 答应投资了，出资 50 万美元，获得携程 20% 的股份。不难算出，携程估值达到 250 万美元，超过 2000 万人民币。对于一个创立才数月的公司来说，这难能可贵，四人自然求之不得。季琦后来回忆说，"当时我们觉得很划算，大家非常兴奋"。而 IDG 投资的原因，一是"他们这个团队确实是技能互补型的"，二是"目前互联网这么热，互联网公司是我们的主投行业，先投入一点。如果这个团队都没戏的话，那其他创业团队更不用说了"。①

1999 年 10 月，IDG 投资的 50 万美元资金到账。10 月 28 日，携程旅行网正式上线。

烧钱容易，找钱难

季琦当时并不知道，当日在场的一名来自 IDG 总部的技术专家的以

① 关于携程第一笔投资的内容引自朱瑛石、马蕾编著：《第一团队：携程与如家》，中信出版社 2008 年版。

下顾虑："他们的远期目标不是很明确，对旅游和网络这两者的结合不是很清晰。"随后，这一点被不幸言中了。

或许是三大门户太过红火，以至于门户概念深入人心。携程网也将自身定位为旅游门户网站，在《微型计算机》周刊上打出广告：

携程旅游网（Ctrip. com）是专门为旅游者、旅行团体及旅游相关行业提供在线旅游服务、旅游产品介绍的旅游门户。它涵盖了全国各地的自然景观和人文景观，以及具有吸引力的旅游热线，包括旅行社、酒店、餐饮、购物、交通等综合信息，提供网上预定（订票、订房、订团、订餐等）。推出旅游新闻、热点推荐、社区论坛、俱乐部等全方位的客户服务内容。进入 www. ctrip. com 就如同进入了动态的多媒体中国旅游大全。

在接受记者采访时，季琦明确表示，携程旅游网的定位就是旅游资讯加上旅游电子商务。季琦满怀雄心壮志，向记者描述了携程未来的广阔前景：采用全方位立体型的经营方式，与各综合或专业旅游网站、旅行社、酒店、宾馆及各种服务于旅游的行业展开广泛的合作交流……可以在网上提供包括吃、住、行、游、购、娱六个方面的全方位产品。网民可以直接选择预订 1000 余家宾馆的客房、800 多条旅游线路和 30 多家旅行社的服务，还可在网上直接预订机票。

随后的几个月，携程全面出击。积极涉足景点门票销售、飞机票和宾馆预订等多方面业务，甚至与旅行社合作卖过旅行线路，结果都不尽如人意，上述业务无一成功。季琦很快发现这是一个"吃钱"的行业，50 万美元实在做不了什么，为了获得更多资金，他带队去香港"路演"。

“路演”虽然无疾而终，却在无形中提升了携程的知名度，风投领域开始知道这样一家公司。

季琦记得章苏阳说过，“先投一点，如果发展好的话，再追加资金”。这时，他想到再去找章苏阳。他没有得到期望的结果。IDG 奉行的是保守的“广种薄收”投资策略，对每个看好的公司都投一些，但金额均不大。对于携程，第一笔投资的效果还未显现，此时投资显然并不明智。

不过，章苏阳并没有袖手旁观，他把季琦引荐给软银业务代表石明春。一番长谈后，石明春决定投资，并雷厉风行地落实投资方案。在软银影响下，IDG 也加入进来，各方共同投资 450 万美元，共取得携程近 30% 的股份。资金到位后，梁建章、范敏和沈南鹏辞职全力创业。

IDG 何以在不到半年的时间内连续注资携程？实际上，打动这家行事谨慎的风投基金的正是这个团队。用章苏阳的话说，“他们四人有点像一个机构。四个人有各自不同的背景，大齿轮小齿轮之间咬合得非常好。对于抱着第一是投人，第二是投人，第三还是投人的理念的风险投资家来说，这个团队成员的背景很有吸引力，足够支撑他们将要操作的公司”①。

“不赚钱的公司没有存在的理由”

进入 2000 年，中国被互联网热潮感染了。尽管盈利模式依旧模糊，

---

① 引自《这才是最牛团队：从携程到如家、汉庭》，广东经济出版社 2010 年版。

但大量资金流入这个新兴行业。

几乎所有的互联网公司都在跑马圈地，忙着做广告、树山头。在那时，人们对盈利模式尚且漠不关心，更多的精力放在流量、点击率方面。因为漂亮的数据可以从投资方那里拉来更多资金，没有人在意用这些钱开发什么业务，只是陷入投放广告的循环。于是，泡沫开始逐渐膨胀。

携程也不可避免地陷入这种集体性疯狂。季琦后来说："一个集市里全是吵闹的声音。你不叫，别人就会盖过你。"为了不被别人"盖过"，携程在机场投放广告，还和民航总局合作举办空姐大赛，各种推广费用烧掉了一两千万，花钱如流水的感觉并不踏实。季琦和梁建章共同的想法是："一个公司总要赚钱，不赚钱的公司没有存在的理由。"① 但问题是，做什么赚钱呢？

经过一番对比、尝试和摸索，季琦发现酒店预订是一个颇具发展前景的方向。由于信息不够透明，供需双方严重失衡，酒店存在大量空置房间，而顾客也在为找不到满意的宾馆而苦恼。这时，若网络上出现一个提供供求信息的平台，岂非两全其美？携程决定做这个平台。

在季琦开拓酒店预订市场的广阔前景时，国内已经出现了此方面的先行者。其中北京一家名叫现代运通的旅游服务公司最早开展订房服务，经过几年耕耘，取得了不俗的成绩。当时，它已是全国最大的酒店分销商，并建立起 800 呼叫中心，可以提供全国 100 多个城市 700 多家酒店的预订服务。

仅次于现代运通的是北京商之行信息科技有限公司，其创始人吴海

---

① 引自朱瑛石、马蕾编著：《第一团队：携程与如家》，中信出版社 2008 年版。

曾在机票预订领域耕耘多年，后来窥见酒店预订市场的商机，便带领团队辞职创业，很快便在酒店预订市场站定脚跟。

相比之下，携程显得相形见绌，它在1999年年底才开始开发在线预订系统，业务开展得磕磕绊绊，没有酒店听说过这家新公司，只能靠推销员上门推销。季琦说："今天携程给酒店送一个客人，一个月后能给他送五个客人，三个月送100个客人。通过不断挖掘公司的潜力来开发客户，就是在这么艰难的条件下做起来的。"经过3个月，携程与全国上千家酒店建立了合作关系。

业务虽然得到拓展，业绩却未好转。携程的模式是，通过与酒店合作，利用互联网平台预订房间，从每笔交易中收取一定的中间费。但由于四个创始人缺乏此类业务的经验，对订房的理解偏离了市场，以至于携程月交易额达1000万人民币，收入仅为100万元，支出却高达200万元，每月亏损100万元。必须找到酒店订房方面的专业人才，季琦想到了收购。

随后，季琦向商之行与现代运通抛出了橄榄枝，这两家公司管理层正在发生变动。商之行发展到瓶颈期，为了融资，创始人吴海将大额股份卖给所罗门兄弟公司，其实已经萌生了去意。现代运通也面临巨大转折，适逢国家整顿军方企业，拥有军队背景的现代运通被勒令出售。

经过几轮沟通、谈判，2000年3月初，吴海带领商之行心腹团队加盟携程，担任市场推广主管和高级副总裁。凭借此前建立的关系，吴海为携程建起一支销售队伍，将订房量大幅提升。7个月后，携程与现代运通达成协议，以现金加股权的方式整体收购现代运通。

且看携程怎样赚钱

2000年11月，全球领先的私人股权投资公司凯雷向携程投资800万美元，获得30%的股份。与此同时，IDG、软银等第二轮投资方追加1200万美元投资。一夜之间，携程募集到2000万美元。季琦满怀踌躇地说："有这么多钱，怎么能做不成公司呢？况且我们这些人又不傻。"①

2001年，携程进入高速发展时期。在一批专业人士的协助下，携程迅速发展为国内最大的客房分销商。2000年4月，携程扭亏为盈，月毛利达300万元。与此同时，为适应未来的市场需要，增设飞机订票业务，员工增长到400人，公司更名为"携程旅行服务公司"。

万里长征走完第一步，携程的未来在哪里？季琦等人找到一条坦途：通过专业化团队打造高标准、系统化、高质量的服务，以此吸引顾客，不断扩张市场份额，以形成规模优势和增加谈判筹码。

至于盈利模式，用梁建章的话说就是"吃差价"。当然，这取决于携程的议价能力。

酒店订房市场，携程已是领头羊。如果将机票预订与客房预订连通起来，必将获得更大的竞争力。2002年4月，携程以现金加股权的方式收购北京海岸机票代理公司，获得了机票代理资格，与北京呼叫中心和各大航空公司开展合作。当年5月，携程开通全国机票预订系统。

① 引自朱瑛石、马蕾编著《第一团队：携程与如家》，中信出版社2008年版。

从此以后，携程在酒店预订与机票预订市场高歌猛进，这两项业务也成为携程最大的利润来源。2003 年，携程全年营业额达到 1.73 亿人民币，净利润 5381 万元，比上一年度增长约 4000 万元。

2003 年 12 月初，携程正式登陆纳斯达克，开盘价每股 24.01 美元，在美国投资者的热烈追捧下，当日报收 33.94 美元，较发行价上涨 88.56%，创下美国股市 3 年来首日最佳 IPO。美国《商业周刊》从中归纳出成功 IPO 的三个关键词：在线旅游、中国和盈利。

登陆美股市场让携程迅速成为热门话题，处于聚光灯下，季琦等人并没有像多数创业者那样志得意满，而是出奇得冷静。沈南鹏被邀请参加中国企业家论坛时说：“我们的故事和新浪、搜狐有点相似，唯一不一样的是，这个公司在最早创立的时候可以说是有计划的，按照这个计划去做，就知道要让风险基金来支持我们，通过三四年时间，最终走到纳斯达克。我们的商业模式和美国一些著名的公司相似，设计的路子比较清晰，一步步走过来，没有什么特别大的惊喜。”

从产业链上寻找创业方向

季琦终究是个创业家，随着携程业务走上正轨，他又开始不安分起来。

携程实际上相当于一个巨大的数据库，对于敏感的创业者来说，这些信息意味着创业的机会。在经营中，季琦发现，很多酒店缺乏管理软件，这应该是个好商机。他想开发酒店管理软件，卖给这些客户。梁建章却提了一个更高明的建议："既然酒店赚钱，为什么不自己做酒店？"[①]

这个建议在团队中引发了深思，看起来无法拒绝。但酒店行业竞争激烈，如何切入市场呢？

季琦想到了经济型连锁酒店。早在2001年，他就开始关注此类酒店。当时，他偶然看到一位用户抱怨在携程预订的宾馆费用偏高。消费者价格敏感度事关企业的业务，这引起了季琦对价格的关注。他立刻着手分析携程的订房数据，发现一家名叫新亚之星的酒店客房卖得特别好。

传统观念中，酒店入住率与其级别高低密切相关。一般来说，酒店星级越高，入住率也越高。当时携程网上多数星级酒店出租率为70%左右，新亚之星长期保持在90%以上，甚至经常供不应求[②]。令人感兴趣的是，这是一家没有任何星级评定的小酒店，生意居然比高级酒店还好。

实际上，新亚之星这类酒店有一个专业名称：经济型连锁酒店。这种酒店最早出现在20世纪50年代的美国，最大的特点是实用便宜。一般面向普通商务人士，提供住宿和早餐，刚一问世便受到热烈欢迎。经过几十年的发展，在欧美国家已经相当成熟，而在中国还属于新鲜事物。

新亚之星是国内最早的两家经济型连锁酒店之一，另一家是同样成功的锦江之星。季琦走访这两家酒店，发现服务、环境均一般，相比星级酒店，价格有很大的竞争力。300元上下的消费对普通商务客户与散客旅游者很有吸引力。因为他们对档次没多大要求，物美价廉的经济型酒店正对胃口。

---

① 引自《第一财经周刊》2008年9月18日封面文章《携程的冒险生意》，作者谢灵宁、昝慧昉。

② 数据引自《第一财经周刊》2008年9月18日封面文章《携程的冒险生意》，作者谢灵宁、昝慧昉。

新亚之星与锦江之星爆满的场景令季琦颇为心动：供不应求正说明市场还有巨大空间。

沈南鹏也有同样的认识，他甚至比季琦还急迫："我们已经强烈感受到经济型酒店行业尽管是市场中的缝隙，但随时会爆发。从携程的经验看，6 个月的等待与 12 个月的等待会有很大区别。"①

季琦再次担当起开路先锋的重任。为了尽快进入市场，他去找锦江、新亚谈合作，结果碰了一鼻子灰。

2002 年春天，季琦在北京偶然发现了一家理想的酒店："建国客栈"。多方辗转，季琦了解到这是首旅国际酒店集团下属公司，因经营不善处于亏损状态，他随后与建国客栈母公司管理层见面，表示合作意向。急于摆脱包袱的首旅同意与携程组建合资公司，进军经济型酒店。

经过两个月的谈判，双方就合作方式达成一致：合资公司注册资金 1000 万元，按照出资比例，携程占股 55%，首旅占股 45%。首旅将旗下 4 家建国客栈出租给合资公司，采用新创品牌经营②。

新品牌就是如家，取"宾至如归，温馨如家"之意，寄托了打造如家型酒店的美好诉求。

合资：解决资金难题的另类途径

与当初创立携程时一样，这时候的如家也面临一个既现实又迫切的问题：资金。

---

① 引自《东方企业家》2006 年 7 月刊，《如家的加法和减法》一文，作者马蕾。

② 引自朱瑛石、马蕾编著：《第一团队：携程与如家》，中信出版社 2008 年版。

携程2003年年底才上市，如家是2002年春夏之交成立。作为第一大股东，携程并没有能力为如家提供充足的发展资金，而酒店行业恰恰需要大笔资金投入，平均一家酒店的装修的成本高达500万元，对于启动资金只有1000万元的如家来说堪称巨大开支，季琦等人不得不四处筹措资金。

好在如家第二大股东首旅财大气粗，及时出手解决了资金问题。季琦对此供认不讳："首旅有100多亿元的资产，如果仅凭携程和如家自己的力量，在短时间内无论如何都很难积累到这样的基础。"①

季琦从携程离职，担任如家CEO，组建了一支来自各星级酒店的专业队伍，掀起如家创业的序幕。

细节决定成败，这一点在服务行业显得格外重要。中国的酒店业普遍存在管理不善、服务不妥的问题，有人打趣道："大堂金碧辉煌，厨房臭水乱淌；服务员发式精美，工装线头很长。"精益求精的季琦不希望这些状况发生在自己的酒店里，即便它只是经济型连锁酒店。

为鼓舞创业激情，季琦号召员工放下姿态，去贴近经济型酒店的生活。他甚至在地下室住了将近1年找感觉。为了解国内经济型酒店的得失，季琦带着卷尺、笔记本和相机到锦江之星偷师学艺，从房间尺寸、价位、床位高低和大小，到餐厅食品，甚至清洁员工资，均一一问询并记录在册。

2002年8月初，装修一新的建国客栈以"如家酒店"的名义重新开张营业。北京《京华时报》的记者这样向人们介绍这家酒店："如家"

---

① 引自朱瑛石、马蕾编著：《第一团队：携程与如家》，中信出版社2008年版。

的最大特点是便宜……符合三星级标准的一个标准间标价不到200元，充分体现其“普通老百姓也能住得起的酒店”的定位[①]。

季琦一改建国客栈僵化被动的局面，将标间单价从300元降至198元，一步到位，不再打折。然后，一方面采取会员制、预约制等形式主动推销房源，还与一些公司签约为员工出差固定租住点；另一方面利用携程和首旅的平台优势，建立起客房销售渠道。顾客通过携程预订如家客房，通常比门市价优惠10元。凡此种种，如家名声大噪，仅半年时间，就常常人满为患。

在细节上打造核心竞争力

鲜明的品牌形象、良好的口碑是酒店成功的关键因素，而这些均需要在细节上下工夫。

北京如家店，季琦命人设计了各种主题色调的墙面，室内用品、家具上极尽精致、简洁和实用，以体现如家般的温馨。同时，从顾客角度出发，提供可折叠行李架，不同颜色的毛巾等用品。

上述尝试的成功，让季琦坚定了品牌标准化的信念。建立服务标准，其实就是建立游戏规则，这是避开过度竞争的核心策略。为此，如家对服务做出详尽规定，比如电视音量、频道缺省设置都有一定的标准，甚至与客人对话第一句和最后一句话必须由员工说出等细则。

信息化时代，高效、便捷是服务行业创业的制胜之道。在携程，季

---

① 引自《京华时报》2002年8月7日第B26版，《上海携程翻新建国客栈》一文。

琦充分认识到网络神奇的力量。创办如家过程中，他一直致力于将网络的基因融入如家快捷酒店的运营中。作为行业首创，如家建立了呼叫中心和会员制管理模式，为消费者提供了线上、线下全方位的整合式服务。随着如家营销重心由线下向线上的过渡，很多曾经是酒店业的顽疾都被一一化解。

为了降低租金成本，如家酒店的位置大多在闹中取静的居民区和单位院落。这与一般酒店业分布在繁华之处不同，似乎不方便消费者寻找，但通过呼叫中心和订房系统平台，消费者可以轻松地找到合适的酒店，并支付低廉的费用。此外，大量协议单位和如家会员，也为如家提供了源源不断的客流。如此一来，偏僻位置开酒店，成了如家最具竞争力的商业模式之一。

除此之外，季琦还将携程的会员制带到如家。如家会员卡分为普卡和金卡，分别享受房价的92折和88折优惠。即使不考虑数以百万张计的会员卡订房数量，单是申请会员卡的购卡费，每年就带来上亿元的收入。除此之外，如家还经常推出各种促销活动，如“6+1”促销（凡1个月内消费满6次的顾客可以享受一次周日免房费服务），如家会员首次消费一嗨租车自驾服务，可享受“租一日送一日”等，有效凝聚了会员人气，提高了品牌粘合度①。

创业第一阶段是“专注深耕”，主要目标是梳理品牌，建立管理、运营体系，以便为将来的发展打好基础。第一阶段完成后，企业可顺利过渡至第二阶段，即“广泛播种”阶段，利用前期积累，迅速扩张地

① 引自《互联网周刊》2006年10月26日，《如家的“沙”化生存》一文。

盘，建立规模优势。对于如家来说，开设连锁店是其发展的必由之路。

巧妇难为无米之炊。面对扩张所需的巨大资金压力，季琦打破行业常规，创造性地开发了一种类似轻资产的“如家模式”——纯租赁物业经营酒店。在这种模式中，酒店不需要自购房产，采用房产租赁和特许加盟的经营方式即可，这和传统意义上的酒店管理公司有着本质的区别。借此，如家以最少的成本、最快的速度实现扩张。2002 年开张 4 家连锁店，2003 年年底达到 13 家，2004 年达到 35 家，2005 年增至 70 家[①]，2006 年达到 80 余家。

在战略上，季琦制订了重点布局，先直营落地，后加盟扩张的策略。首先圈定北京和上海，而后进入天津、杭州等周边城市，形成“华北区”、“华东区”等区域连锁网。在扩张过程中，始终保持超过 50% 的利润增长率，净收益从 2003 年 150 万元增至 2005 年的 2090 万元[②]。

无论连锁扩张布局，还是引进战略投资，每一步都经过精心设计。而纳斯达克，则是季琦为如家制定的最高战略目标。随着条件的成熟，2006 年 10 月下旬，如家在纳斯达克成功上市，融资 1.09 亿美元。

辉煌已属过去，季琦那颗不安分的心，就像一座处于活跃期的活火山一般，经历几年沉寂后，便涌出新的精彩。只是，这个时刻无人知晓，无人可测，只待季琦自己去揭开答案。

---

① 数据引自《中国商业评论》杂志 2006 年 10 月刊载的《如家 VS 锦江之星：谁能领跑》一文，作者石章强、孙瑜。

② 引自如家上市财务报表。

在细分市场发现创业空间

创业者需要时刻关注市场变化，并以此预测未来前景。一个好的经营者，不仅要满足业已存在的市场需求，更重要的是去创造未知市场的需求，只有这样，才能先人一步，实现蓝海战略的转移。

随着如家连锁酒店在扩张之路上越走越远，季琦的商业嗅觉似乎又开始灵敏起来。

早在2003年，季琦推广如家酒店之时，在上海张江地区发现了一家酒店，无论地理位置还是装修、服务档次，都高于如家的定位。按照如家的发展策略，这家酒店是不可能纳入到如家体系中的。季琦既失望又惋惜，他认为如家不应止步于经济型酒店，还需要升级，有更高级的品牌。

但是，季琦的想法没能得到如家董事会的大力支持，他坚持再三，如家总部最终决定将张江这一酒店纳入连锁分支体系。后来，季琦又遇到了类似情况的青岛新地酒店，也是定位稍微高于如家。这一次，季琦没有那么幸运了，如家董事会没有批准新地酒店的连锁计划。

虽未获批，但季琦并未放弃对商务型连锁酒店的思考，并从中窥见了市场的另一面。

季琦对如家曾有一番想象的比喻："做经济型酒店，选址、装修、日常营业，有点像开荒种庄稼：在合适的位置选好地方，平整、播种，日常维护和料理，一季收割一次。要在合适的地方，选择合适的庄稼品种来种（选址和产品类型）。选错了，后期再辛苦也是徒劳。土地的平整和播种（设计、装修）也非常重要。如果开荒出来的地块是块‘漏地’（渗水、异味等隐性装修问题），不储水，水稻就会因为缺水而产量很低；要是播种过密（房间太小），也会因为没有足够的阳光和养分而营养不良；秧插得太稀（房间过大），又会影响产量。而日常的维护（日常经营）也非常重要，既要灌溉、施肥也要除草、灭虫害，任何一个环节没有做好都会出问题。”①

季琦逐渐找到商务型连锁酒店的立足点。不同于如家，商务连锁酒店消费对象是中产阶级。此类人群对酒店在商务应用、文化娱乐等方面存在额外需求，而如家所代表的经济型连锁恰恰无法提供酒店 KTV、美容美发等附属服务。中产阶级日益壮大，商务型连锁酒店市场也随之扩大。

2005 年，季琦抓住机会，创建汉庭连锁酒店，定位是：专为商务人士量身打造的中档连锁酒店。与如家“干净、经济、温馨”风格不同，汉庭的核心关键是“现代、舒适、超值”。

对于季琦离开如家的原因，众说纷纭。有一种颇为流行的观点认为是因争夺公司控制权所致，甚至一度猜测季琦与沈南鹏关系破裂，被排挤出局。对此，当事双方一再澄清，却难挡众人之口。

无奈之下，季琦感慨不已：“我认为自己还算是个知识分子，对权力、财富看得不是很重，如家的股权比例是创始之初就定好的，不用去争什么。而且创建如家时，我们几个人都已经完成原始积累，不再看重经济利益了。”那么为何离开单干呢？季琦的答案是：“在创建了携程、

① 引自季琦发表在 2010 年第 8 期《创业邦》杂志上的文章《打猎、种树和农庄》。

如家后，我就想做一个不再醉心于上市、不再过于依赖风险投资，可以慢慢发展的企业。”①

原因究竟如何，已经不再重要，重要的是，季琦终于找到这个“可以慢慢发展的企业”。

做一个聪明的模仿者

乔布斯是 IT 界的标志性人物，也是产品创新和完美主义的代名词。而这种气质也贯穿苹果公司，从早期的 Imac、Ipod，到如今大放异彩的 iPhone、ipad 等数字产品，均展现出了无穷的商业魅力。

作为苹果产品的老牌用户，季琦毫不掩饰自己对乔布斯的崇拜，更将其与创业巧妙结合起来。季琦认为，酒店与 IT 产品大相径庭，但这两者都追求用最少的资源达到最合适的功能，并以简单、朴实的形式表现出来。他经常拿苹果产品来对比汉庭的服务，以此审视自身的发展。

季琦此次创业目标明确：“汉庭的特色就是一个‘好’——在各个细节我们总是比同行好上那么一点。”比如客房内，床头添置宽带接口，有需要的客人冬天可以窝在床上使用笔记本电脑。出于对商务人士保护颈椎的考虑，季琦从五星级酒店的枕头中得到灵感，设计开发出“一面荞麦、一面海绵”的双面枕。卫生间的设置甚至取得了专利，淋浴房和坐厕合用一扇门，这样可以取消卫生间的隔断，增加通透效果，同时降低了透明洗浴间的成本。

---

① 引自《21 世纪经济报道》2011 年《季琦：我经营的是“现代农业”》一文。

他山之石，可以攻玉，其他行业的优秀经验都可以作为创业者研究学习的榜样。除了对苹果创新用户体验赞不绝口并努力借鉴之外，沃尔玛的成本控制也是季琦一直关注和模仿的对象。

季琦要求汉庭所有的床品质量不低于四星级酒店的水平，但价格只能按照经济型酒店的承受范围来定。为了增加谈判筹码，汉庭统一采购，分支网点采购总量巨大，供应商只得妥协接单。另外，酒店大堂内设置的擦鞋机，看似不起眼，但乘以巨大基数后，成本可怕得惊人。这让季琦看在眼里，记在心里。他找来广告商，在擦鞋机上打广告。如此一来，每年几百万的擦鞋机投入便由广告商分担了，甚至擦鞋布的采购也一并省略。甚至可以说，既学苹果，又仿照沃尔玛的季琦，将创业的理想主义与锱铢必较的商业精明，完美地融合在一起。

有如家经验在先，季琦带领汉庭“跑马圈地”，只顾四处“拿店”，危险在不知不觉中靠近。

该拿的钱与不该拿的钱

2010年春，几经挫折，汉庭终于走出低谷，现金流日益丰沛。回想起金融危机的困局时，季琦心有余悸。“今天看来，这个是非常聪明的决定。危机给了我们机会。在大家都难的时候，你比别人更坚定一些，看得更远一些，那就能用很小的力得到很大的回报。”①

---

① 引自《南方人物周刊》2010年4月16日刊，《创业英雄：季琦的成功密码》一文。

季琦喜欢将中国比如一座金矿，对于创业者来说，这是难得的机会，靠有竞争力的产品去满足市场需求，不愁没有出路。2011 年年底，汉庭门店数量达到639 家，2012 年预计新开 250 余家门店，覆盖全国 120 多个城市。在深耕已有市场的同时，汉庭正加速三线城市布局，并为进入港澳台做准备。

小结："气质相投"的人与钱

携程开启了季琦连环创业的棋局，他在市场开拓中发现了经济型酒店的机遇，从而有了如家和汉庭。然而，这个三家纳斯达克上市公司的创始人，开始创业时并没有什么"远大的梦想"。

高远的理想离不开现实基础。从旧货买卖、组装电脑起步，季琦初识赚钱滋味。愣头愣脑闯入社会，季琦得到一个教训："先做人后做事"，能力再出众，没有朋友帮忙也成不了大事。

从此，季琦开始广泛交际，建立人脉资源，后来被前客户赏识，提拔为上海分公司经理，为创办协成科技埋下伏笔。至于"四君子"联合创办携程，更是意气相投的朋友联手创业的佳话。

分工协作是"携程四君子"创业最大的启示，正是得益于四人的各式才能，携程才得以在最初阶段进展迅速。对于创业者来说，气质相投的伙伴是组成创业团队的宝贵资源，可遇而不可求。创业者都希望遇到贵人，但贵人并不是从天而降的，他们来自于有心人点点滴滴的积累；创业者都希望高人助阵，但高人并不是凭空而来的，他们来自朋友圈子的惺惺相惜。

发现商业蓝海至关重要。创办携程的过程中，人脉帮了季琦大忙。感情不能当饭吃，有利可图才是将创业伙伴和投资人吸引过来的根本因素，携程的行业独特性是它能够迅速成长壮大的内在因素。

另一方面，季琦是一个善于思考和发现的人。从旅游网站入手，围绕酒店细分市场，发现了如家、汉庭的生存土壤。作为纳斯达克上市公司创始人，季琦早已今非昔比，所能调用的资源足以支撑先后创办如家、汉庭。当然，季琦也曾犯错，金融危机之前的过度扩张也曾让汉庭步入险境。

但凡遇见资金困境，创业者便很难抵御投资诱惑，甚至饥不择食、寒不择衣。季琦拯救汉庭的事实表明，有些钱可以拿，有些钱却万万动不得，譬如对赌。如果说气质相投的伙伴是创业者的后盾，那么气味相似的钱则是创业者的驱动，否则，它们比别有用心的伙伴更可怕，会将创业引向歧途。

雷军：40 岁重新创业

以前我挺自负的，只要我努力，只要我拼命，只要我勤奋就一定可以成功。今天我要告诉大家的是第二个真理：所有成功的背后 85% 是运气。如果你没有成功，只是运气不好，你要坚持不懈。

——雷军

创业路径：三色公司→金山软件公司→卓越网→小米科技公司

脚踏实地，追逐梦想

上市是很多创业者的梦想。季琦用 10 年的时间创建了 3 家纳斯达克上市公司，而雷军在许多年间为此埋头苦干，却异常艰难。1998 年担任金山 CEO，雷军开始筹备上市，此后从香港创业板辗转到深圳创业板，历经 8 年，5 次冲击 IPO，最终于 2007 年 10 月成功登陆香港主板。

雷军曾经感叹：为何别人上市那么容易，金山如此艰难？感慨归感慨，这个执著的创业者确有一股不达目的誓不罢休的气概。金山 15 年，他成了众人皆知的“中关村劳模”。内心的创业激情不曾熄灭。2007 年 12 月 20 日，将金山送到港股上市之后，雷军宣布卸任金山总裁兼 CEO 一职，转型做起“天使投资人”，先后投资凡客诚品、乐淘网、拉卡拉等公司，直至 2010 年亲自创业。

从金山创业元老，到卓越网创始人之一，再到热门的小米手机之父，雷军究竟经历了什么？

雷军是一个极其好强的人，他曾说过："我不是一个善于在逆境中生存的人。我会先把一个事情想得非常透彻，目的是不让自己陷入逆境。我是一个事先让自己立于不败之地，然后再出发的人。"①

1969 年，雷军出生于湖北仙桃一个教师家庭，从小就喜欢读书，热爱思考，特别喜欢围棋。当时的仙桃市还叫沔阳县，雷军 1984 年考入沔阳中学，成绩优异，还得过学校围棋冠军。1987 年，雷军考入武汉大学计算机系，从小县城去到省城读书，也打开了人生之门。

武大当时已经开始实施学分制，修完规定学分就可毕业。雷军几乎将全副精力投注到学习上，功课之余，他选修了许多高年级课程，结果仅用两年时间就修完所有学分，甚至完成毕业设计。

雷军酷爱自己的专业，尤其喜欢编程，在这个领域如鱼得水。大一时，他写的 PASCAL 程序设计作业被老师选作教材示范，编进新版教材。他也是武大计算机系 20 年来获得《汇编语言程序设计》满分成绩的两人之一。他曾两次获得湖北省大学生科研成功一等奖，其他荣誉数不胜数。

许多老师让雷军帮忙做课题，他统统来者不拒，这样可以拿到计算机机房的钥匙，使用系里的电脑写程序。最多的时候，他同时拥有三把机房钥匙，成了实验室有名的"老油条"。

在机房和实验室混了一年多，雷军感到厌倦，不满于此。他开始希望到更广阔的天地中施展身手。刚好武大东门外洪山区珞瑜路像中关村

① 引自《IT 时代周刊》2007 年 10 月刊《雷军和他的金山王国》一文，作者陈实、方玮。

一样涌现出许多店面，渐渐成了武汉有名的电子一条街。雷军经常骑着一辆破自行车，背着一个破包，里面放着几份编程资料，去电子一条街闯荡。

说是闯荡，其实是“蹭电脑”。那时电脑还不像现在这样普及，即便计算机系，电脑数量也严重不足。雷军当时一个星期“只能在电脑上学习两个小时”。在电子一条街上他认识了一些工程师，就打着帮忙和兼职的幌子蹭电脑。最初公司只是管饭，活儿越来越多，就有些报酬了。

多年后，雷军讲述刚出道时的心情，他说：“我的想法比较简单，只要能学东西，干什么都可以，赚不赚钱不重要。”他只是对一切新事物感兴趣，几乎涉猎所有方面。他写过加密软件、杀毒软件、财务软件、中文系统以及各种实用小工具，还做过电路板设计，后来又做过一段时间黑客，专门解密各种软件，几乎无所不为，乐在其中。这样做了两年，雷军练就了一手高超技艺，成为电子一条街的名人，街上谁遇到问题，第一个想到的就是找他帮忙。

学会交流与合作

1989 年年初，雷军在电子一条街上认识了王全国，这是他人生最重要的朋友之一。王全国比雷军年龄大一些，毕业于武汉测绘科技大学，当时留校任教，同时在校办电脑公司负责技术。

后来王全国当上金山软件副总裁兼 CIO，曾这样向人描述与雷军结识的过程：“那时，我那儿是各种软件的集散地，我手里的软件是最多的。雷军也喜欢软件，我们就经常交换，所以自然而然就认识了，并且特别熟。我记得我们是1989年2、3月份认识的，在一起沟通特别多，7月份我们就开始一起合作写软件了。当时感觉这个同学挺活跃，也特别好学。”①

两人合作的第一个项目是加密软件。当时王全国正在做一个加密软件的界面，雷军在写加密软件内核。两人在交流中发现可以互相配合，于是约定在暑假合作写款加密软件。他们日夜不停，大概用了两周时间，这款加密软件完成了。王全国根据当时热映的电影《神秘的黄玫瑰》在软件后署名“黄玫瑰小组”。后来，经过不断散播，“黄玫瑰小组”在圈子里逐渐小有名气。

这款加密软件名叫BitLoK0. 99，是国内早期几个著名的加密软件之一。普通软件商业化面临棘手的盗版问题，所以加密软件很有市场。BitLoK0. 99推出后备受追捧，雷军从中得到50元报酬。这是他第一次写软件赚到钱，虽然只有区区50元，却让他打开了商业视野。

1990年，雷军与同学冯志宏合作开发了第二个商业软件：免疫90。免疫90是一款杀毒软件，那时计算机病毒刚开始在大陆流行，市面上杀毒软件不多，不仅操作繁琐，而且价格昂贵，雷军和冯志宏就决定合伙写一款好用又便宜的杀毒软件。他们在电子一条街找了一家电脑公司兼职，利用业余时间“蹭电脑”完成这款功能强大、使用方便的软件，用雷军的话说“就像抖落身上的灰尘一样把病毒清除”，而且可以在英文环境下显示英文，中文环境下显示中文。

免疫90售价为260元一套，上市后反响不错，总共售出几十套，雷

---

① 引自许晓辉、刘峰、魏雪峰所著《梦想金山：一个坚持梦想的创业故事》一书，中信出版社2008年版。

军和冯志宏每人赚了几千元。在老师的推荐下，免疫 90 获得湖北省大学生科技成果一等奖。雷军在《计算机世界》等刊物发表了多篇署名文章，一夜之间成为反病毒专家，湖北省公安厅专门请他讲授反病毒技术。

由于“写杀毒软件麻烦太多”，而且竞争开始激烈，雷军便停止了免疫 90 的后续研发。

随后，雷军与冯志宏合作开发了一款内存清理小工具 RI，令其名声大噪。当时，电脑硬件非常落后，内存很小，成了电脑的短板，为多任务处理带来不便。运行程序一多，系统速度就会变慢，因为内存资源大量占用，导致一些软件无法运行，这时候就需要重启电脑以释放内存。

RI 的高明之处在于不必重启电脑，仅通过操作两个 Ctrl 按键，就可随时清除当前环境中正在运行的程序，回到驻留 RI 时的 DOS 提示符状态，因此免除了电脑用户频繁重启释放内存的不便。可以想见，这样的软件需求不小。然而，雷军并没有将其商业化，而是把这款软件完全免费，并且开放源代码，很快就在圈子里流传开来，几乎成了人手一份的必备工具。

从失败中寻找教训

就像当今 IT 界许多大佬一样，雷军自称对乔布斯崇拜有加。某种程度上说，正是乔布斯的经历激发了他的创业激情。一天，雷军在图书馆看到一本《硅谷之火》，很快被书中描述的乔布斯的故事所吸引。经过电子一条街的打拼，雷军不满足于写软件，开始梦想办一家优秀的公司。

机会很快就来了。1990 年夏天，雷军在武汉过暑假，恰好王全国一个同事和朋友在筹办公司，想拉王全国和他入伙。对方负责市场销售，雷军和王全国负责技术和服务，股份四人平分。雷军与王全国认为这是个机会，几乎没有犹豫就答应了。

雷军的想法是，乔布斯、盖茨都是在大学创业成功，我为什么不可以？后来他公开回忆说，“想到这些，顿时热血沸腾，脑子晕晕的”。但是，关于公司启动资金、盈利模式、主营业务等关键性问题，四个人谁也没有经验，更没有讨论过。雷军说，“人有多大胆，地有多大产”。

他们将公司命名为三色公司，还起了一个洋气的英文名字：Sunsir，寄托了“红绿蓝三原色创造七彩新世界，放飞创业梦想”的美好愿望。四人都没有钱，也没有找人投资。雷军拉了一个活儿，赚了几千元，才开始启动，租用珞瑜饭店 103 房间作为办公室，开张营业了。

主营业务不明确，什么赚钱做什么，卖过组装电脑，做过打字复印生意，最多时有十四个人。尽管没什么套路，却忙得热火朝天，他们白天跑市场做销售，晚上回来做开发，后来终于找到方向，做仿制汉卡。繁忙时，夜里直接在办公室睡觉。但好景不长，一个竞争者出现了，出货量很大，价格也便宜，很快将雷军他们排挤出局。忙了许久，公司基本没赚到什么钱。

公司账上空空如也，到后来竟然连吃饭都成了问题。有人自称麻将高手，自告奋勇去和食堂师傅打麻将，赢了一大堆饭票。此后每逢财务紧张，总有人主动去食堂找炒菜师傅打麻将，常常能赢回一些饭票菜票。在很长时间内，这成为三色公司为员工解决吃饭问题的法宝。

在残酷的现实面前，雷军内心的创业激情逐渐冷却。他开始思考：自己是否具备创业需要的能力？几天后，他提出散伙。王全国站到雷军这边，两人分了一台 286、一台打印机和一堆芯片，就离开了。

雷军第一次创业就此收场，但正如他所说，“人就是在挫折和失败中成长的。正因为这次失败，我对自己的能力有了清醒的认识，也为未来的发展做好了脚踏实地、一步一步干的心理准备”①。

人贵有自知之明

1991 年 7 月，22 岁的雷军从武汉大学毕业，被分配到北京近郊的一个研究所。

雷军领到第一个月薪水，虽然是政府做公务员的父亲的几倍，却提不起对工作兴致。他经常在下班后到中关村游荡，先后认识了周志农、苏启强等业内名人，并得到他们青睐，被邀请加入他们的公司。

由于并非理想所在，雷军一一婉拒了这些业内前辈的邀请，直到 WPS 之父求伯君出现。

1991 年 11 月 4 日，在北京的一个计算机展览会上，雷军见到了求伯君。他立刻被这个满身名牌的“英俊小伙子”震撼了，“觉得那就是成功的象征”。早在 1989 年，雷军上大三的时候就接触过 WPS，并对它的开发者求伯君心生崇敬。这时，雷军鼓足勇气，把自己的名片递给求伯君……

大约一个月后，求伯君邀请雷军在北大南门的长征饭店吃饭，表达了希望雷军加盟金山软件的想法。求伯君临走时说：“你不用急着回答

① 引自雷军自述《我惨痛的大学创业失败经历》。

我，回去想一想，明天中午到燕山酒店来找我。”

求伯君虽然不是金山创始人，却让这家公司获得飞速发展，是金山创业道路上的重要参与者。求伯君当时的身份是香港金山副总裁，在雷军眼中，这个年轻的成功者与自己有某种相似之处。求伯君也是程序员出身，毕业后在体制内呆过，没干多久便下海，在四通公司修改金山汉卡，从而引起了金山总经理张旋龙的注意。1988 年求伯君应邀加入金山，次年开发完成 WPS。

1990 年，雷军在一位朋友那里第一次看到 WPS，署名是香港金山公司求伯君，当时就觉得“这个‘香港’软件写得真好”。雷军想买一套 WPS 软件用用，但是由于电脑储存和运算能力不足，还要再买一块支持 WPS 的汉卡。雷军算了一下，发现总共要花费 2000 多元，他干脆决定自己动手解密。雷军花了两周，几乎没怎么睡觉，终于成功破解了 WPS，还做了一些增强和完善，使其可以移植到电脑上直接使用，并很快成为了国内最流行的 WPS 版本。就连求伯君也知道了他。

求伯君正是看中了雷军的聪明才干，所以才邀请他加盟当时尚且弱小的金山。

雷军从求伯君身上仿佛看到一个可能的未来：“求伯君因为写程序，在金山成功了，而且是打工成功。金山如果能够造就一个求伯君，就会造就出第二个、第三个。目前我不想创业，创业我还缺太多的东西，创业需要很多条件的组合。此外，做技术的人才在金山是比较受尊重和重视的。”①

---

① 引自许晓辉、刘峰、魏雪峰所著《梦想金山：一个坚持梦想的创业故事》一书，中信出版社 2008 年版。

抱着钻研技术、积累经验的心态，雷军加入了金山公司。他明白自己的优势，也知道自己的不足所在，他清楚自己终归是要去创业的，却没有想到会在金山公司工作那么久……

金山史前史：用技术发掘市场

雷军更没有想到的是，自己将会成为金山历史上的一号人物，与张旋龙、求伯君并称。

金山公司是一家身份混杂的企业，其前身是香港商人张铠卿在 1978 年创办的香港金山公司，主营 IT 芯片，兼容机组装和销售。趁着改革开放东风进入大陆，主要靠与各大部委做生意起家。

张铠卿是香港金山的创始人，但真正让金山公司发扬光大的却是他的儿子张旋龙。

1984 年，张旋龙来到布满“两层楼的铁皮房子”的中关村，同时也将香港金山组装生产的兼容机 SuperPC 带入大陆，由于价格便宜——仅为 IBM PC 的三分之一，方正 0520 的一半，SuperPC 销售火爆，购买者络绎不绝，时常排起长队。由此，张旋龙和香港金山在中关村声名鹊起。

张旋龙是一个精明的商人，从来不把利润赚光，而是宁愿多分一些利润给合作方，所以中关村的商人都乐意和他合作。久而久之，人们送他一个外号：“中关村不倒翁”。张旋龙在中关村有两大合作方，最早是四通，后来方正也加入进来，这两家国内最早的 IT 企业从中获益不小。

四通是香港金山在大陆最早的代理商，SuperPC 为其贡献了滚滚财源，后来张旋龙又将代理权分享给方正。1986 年冬天，张旋龙将香港金山开发的金山汉卡带到四通公司，希望安装到 SuperPC 上连带出售。几天后，张旋龙去四通公司，发现金山汉卡竟被破解了，字体更加美观，LOGO 也变了，他兴趣大增，问是谁做的。有人说："我们这里一个搞电脑的，叫求伯君。"①

张旋龙从此记住了这个名字，认为这人是个技术天才，"一定要见见求伯君"。求伯君果然没有令他失望。第一次见面，张旋龙说 SuperPC 有一些技术问题，启动不了。香港工程师解决不了的技术难题，求伯君只花了一个通宵就搞定了。从此，张旋龙就开始挖求伯君。

1987 年，求伯君终于答应张旋龙，条件是要有一个能够安心开发软件的环境，而不必高薪高职。

张旋龙在深圳罗湖区一家酒店专门租了一个房间，公司提供了一台 386 电脑。求伯君就是在这里写出了民族软件 WPS。1988 年 5 月，求伯君钻进了这个房间，没日没夜地写软件。在此期间，他肝炎发作三次，每次都把电脑搬到医院病床上写，终于在 1989 年年初开发出 WPS。

四通公司本是香港金山代理商，但因为 WPS 会与自己的生意产生冲突，所以四通并不愿意推出兼容 WPS 的汉卡。无奈之下，张旋龙找到方正，共同投资 8 万美元，用于生产新汉卡和后续开发 WPS。

求伯君也意识到，作为一个技术至上的程序员，香港金山比四通公司更适合自己。随着 WPS 大卖，求伯君名声大噪，成为金山公司的金字招牌，许多程序员就是因为他加入金山公司的。求伯君把张旋龙视为伯乐。他说："我为什么想搞软件？搞出自己的软件，那才是自己的技术。

---

① 引自许晓辉、刘峰、魏雪峰所著《梦想金山：一个坚持梦想的创业故事》一书，中信出版社 2008 年版。

我从 1980 年就开始卖芯片，这对中国虽然也有好处，但总是卖外国的东西，就始终是个代理，是老二，我想当老大。”① 而现实是，只有张旋龙和金山能帮他实现这个愿望。

不妨将张旋龙与求伯君视作市场力量与技术力量的象征。中国企业史上，不乏技术精湛的工程师，也不缺少精明的商人，但是两者的组合常常无法长期维持，留下一桩桩令人遗憾的往事。实际上，只要有足够的商业智慧，技术与市场非但可以融合，还可互相促进。当然这往往因人而异，并且存在很大的偶然性。不过，凡事都因稀少而弥足珍贵，张旋龙、求伯君和雷军均为此类。

1986 年，张旋龙把 SuperPC 生产基地搬到珠海莲山巷 8 号一栋 6 层楼，从此与珠海结下不解之缘。1989 年，张旋龙把求伯君请到珠海，在莲山巷 8 号写程序，并主持公司局面。

机会不是没来由的

1992 年 1 月，已是香港金山副总的求伯君把雷军请到珠海，成为金山的第六名员工。

雷军的身份是实习生，7 个月后，他被派到北京，出任北京金山开发部总经理，主要负责 WPS 技术支持，也就是汉卡开发，同时筹划未来前瞻性产品。这等于是让雷军在北京重起山头。雷军必须亲自组建团队、经营管理、参与研发。可见，从一开始，他就不是单纯的技术工程师。

---

① 引自许晓辉、刘峰、魏雪峰所著《梦想金山：一个坚持梦想的创业故事》一书，中信出版社 2008 年版。

雷军在 IT 界颇有影响力，他逢人就说金山平台好，还公然打出广告，“求伯君的今天就是我们的明天”，着实吸引了大批技术高手，因此很快便组建了一支强大的团队。让雷军欣慰的是，自己招募的这些高手三年之内无一人离职，对于创业而言，这难能可贵。

随着金山公司的变动，雷军拥有了更大的舞台，同时也意味着更多的工作、更重的责任。

张旋龙希望金山在大陆获得更大的成功，但他明白对于一家港资企业来说，唯一的途径就是合资。1992 年，张旋龙顶着重重压力，找北大方正谈合作，希望全面合资，方正方面求之不得。

1994 年，方正与金山合资，合并为方正（香港）公司，香港金山成为历史，张旋龙担任香港方正总裁，方正集团副总裁兼执行董事。在张旋龙的斡旋下，香港方正于 1995 年登陆香港股市，为方正集团打通了资本市场的融资通道，使方正排版系统攻占了海外市场的半壁江山。

对于香港金山在珠海的家底，张旋龙早有安排，他很早就对求伯君说：“你在珠海成立一个金山，给你股权，珠海的房子给你用，没有钱，我还会给你。只要你还想做，我就支持你。”①

方向正确比什么都重要

1993 年，求伯君在珠海成立珠海金山电脑有限公司，他给人在北京的雷军留了常务副总之职。接下来的岁月，张旋龙亲自去开拓方正海外

① 引自许晓辉、刘峰、魏雪峰所著《梦想金山：一个坚持梦想的创业故事》一书，中信出版社 2008 年版。

业务，但他从未放下金山，时刻关注着这家公司的成长壮大。求伯君与雷军利用香港金山打下的品牌和市场，开始塑造金山的新未来。

1994 年，北京金山软件有限公司成立，雷军出任公司总经理，这一年，他 25 岁。

雷军很早就意识到“DOS 下的软件没有希望”，基于 Windows 平台的软件才是未来的大势所趋。此前 WPS 都是基于 DOS 平台，微软推出基于 Windows 平台的 Word 之后，对 WPS 形成巨大冲击。求伯君和雷军于是决定应战微软，开发基于 Windows 平台的办公软件，即盘古办公系统。

雷军在北京组织人马开发 Windows 平台下的电子表格，求伯君在珠海率领程序员完善 WPS 在 Windows 平台下的功用。由于认为自己做的是“开天辟地的事情”，他们没有沿用已有的 WPS 品牌，而重新取名“盘古”，这个看似大胆的举措却极大影响了盘古组件的市场。

1995 年 4 月，金山推出基于 Windows 平台的中文办公软件：盘古组件，请来 20 多家媒体参加发布会。但市场对于这个陌生品牌异常谨慎，广告打了半个多月，还有人不断打电话来问，“盘古组件是什么?”结果，盘古组件销售低迷，严重低于预期，半年时间仅卖出去 2000 套。

盘古失利在金山产生消极影响。1995 年金山营业额降至 1994 年的三分之一，1996 年仍不见好转。这年 11 月公司账上只剩一两百万元，一些程序员离开了，珠海的办公楼只剩下十几个人。雷军“失去了理想”，“金山到了最低谷，大家也都已经没有了信心，我甚至考虑不干了”。1996 年 4 月，雷军向求伯君请辞，求伯君没有批准，建议他先休息 6

个月[1]。

1996 年 11 月，金山最困难的时候，雷军重返公司。当时房地产和保健品很热门，许多公司朝此转型，很快成了暴发户。求伯君和雷军也曾想过去做房地产和保健品，先生存下来再说，但最后还是决定继续做 WPS。雷军说："我们深爱软件这一行，我们希望中国民族软件能够扬眉吐气。"

盘古组件的失败教训发人深醒，但基于 Windows 平台中文办公系统的大方向并没错。微软进入中国才不久，对中文用户使用习惯拿捏不准，致使 Word 存在种种不足。痛定思痛，求伯君和雷军决定继续与微软 Word 对抗，全力开发基于 Windows 平台的 WPS97。为了保证研发顺利，求伯君将张旋龙奖励自己的别墅卖了，换来 200 万人民币，带领研发团队日夜奋战。

1997 年 10 月，WPS97 正式上市，遭到热烈追捧。仅两个月，便销出 13000 多套，成了当年的年度软件销售冠军。雷军总结成功经验："Word 还是西文处理系统，是西方人按照自身文化传统开发出来经过汉化的软件，在汉字处理上存在缺陷；Word 在售价上相对偏高。作为国产软件，只有 WPS 有实力与 Word 一争。毕竟，WPS 累计销售了 40 万套正版软件，市场占有率一度超过 90%，并带来了相关行业如培训班的发展。这些证明了 WPS 具有很大的市场潜力。"

WPS97 的复兴令外界看到了金山公司的巨大潜力。1998 年 8 月，联想集团向金山注资 900 万美元，获得 30% 的股权，成了金山软件最大股

---

① 引自许晓辉、刘峰、魏雪峰所著《梦想金山：一个坚持梦想的创业故事》一书，中信出版社 2008 年版。

东。29 岁的雷军被任命为金山总经理。

经过几年的商场沉浮，雷军不再是那个单纯痴迷于软件的年轻人。在技术之外，他的商业嗅觉、市场敏感和管理水平与日俱增，渐渐展露出领导者气质。在雷军的领导下，金山公司在中文办公软件领域继续前进，同时在翻译软件、杀毒软件、电脑游戏等领域多点开花，推出《金山词霸》、《剑侠情缘》等脍炙人口的产品，其中《金山词霸》在 1999 年创造了国内正版软件的销量纪录。

专业的人做专业的事

世纪之交，互联网浪潮激奋人心，新浪、搜狐、网易名噪一时，做软件起家的金山公司终于无法保持观望态度。1999 年年初，雷军在金山内部成立了一个部门，卓越网事业部，开始试水互联网。

雷军请来一个名叫高春辉的东北人执掌卓越。此人是一个互联网高手，早在 1997 年就推出个人主页，被媒体称为“中国互联网第一个个人站长”。高春辉的网站内容丰富，速度很快，有各种软件免费下载，仅一年半时间访问量就突破 200 万人次，被《电脑报》评为“1998 年十大网民”。高春辉曾到金山找雷军投资，没想到却被雷军“招安”，做了卓越网事业部经理。

专业的人做专业的事。高春辉比雷军更了解互联网，雷军给了他足够的权限。1999 年剩下的时间，高春辉率领 5 名员工，架起下载网站卓越电脑资讯站，要做“最大最好的中文下载网站”。

卓越成长极其迅速，问世不到一年就被评为中国优秀站点第 33 名。

金山与雷军都看到了它的价值。2000 年 1 月，卓越从金山分拆出来，成为一个独立的公司。金山公司老股东组成 Kingsoft Holding，是卓越第一个大股东，联想投资为第二大股东，雷军担任董事长。

时至今日，几乎尽人皆知卓越是一家网上书店，但卓越起步之初，在业务方向上曾引发一番纷争。

除了高春辉，卓越还有两员大将，一是总经理王树彤，一是图书事业部经理陈年。王树彤是市场营销方面的好手，她在微软工作达 6 年之久，后来跳槽去了思科，不到一年就被雷军挖来。陈年原本是个文学青年，后来在北京某报做记者，一路当到书评周刊的主编，对图书市场嗅觉敏锐。

在卓越网“专注于电子商务还是电子商务和内容”这个问题上，雷军主张专注于电子商务，得到了王树彤和陈年的支持。高春辉则想做自己擅长的内容，提供优质软件下载服务。讨论的结果是，卓越转型为经营图书、音像产品的电子商务网站，意见不合的高春辉则另谋他就。

后来者如何占领市场?

卓越转型之时，当当网打着“全球最大的中文网上书店”的口号，已经建立了先发优势。

雷军制订了差异化竞争策略，他将卓越定位于“中国网上第一音像店”，避开与当当网正面交锋，从音像制品切入 B2C 领域。为了迅速打开局面，雷军放弃“大而全”模式，改走“上品种、大批量”的“精品路线”，通过包装、宣传、调价等手段，推出大批既叫好又叫座的精品。

卓越大卖的三件商品是《大话西游》、《东京爱情故事》和《加菲猫》。《大话西游》定价 4 元一套，一天卖出去 5000 套；《东京爱情故事》和《加菲猫》的销量打破了传统销售渠道的销售记录，《加菲猫》在卓越网三个月的销量就相当于北京西单图书大厦五年的销量总和。

与此同时，在陈年主持下，卓越图书事业部推出《毛泽东传》、《江青传》等精品。陈年还利用自己的策划专长，重新包装打造黄仁宇系列图书，以口碑效应带动图书销量，从而实现名利双收。

无论商品打折多么厉害，卓越一直都坚持 5 元配送费，只有购物满 29 元才免运费。在雷军看来，这不仅出于成本考虑，也是电子商务的消费特色所在："图书音像制品价格便宜，一次如果只卖一件商品，用户就会觉得太对不起那五元钱的配送费了，所以，用户每次都不会只买一件商品。"

正确的策略可以起到事半功倍的效果。由于卓越避开"大而全"，追求"小而精"，所以极大地减免了采购、库房、存贮、配送等方面的压力，避免了前期过高的投入，降低了经营风险。

为了获得更大的发展，2003 年 10 月，卓越接受了美国老虎基金旗下老虎科技基金 5200 万人民币投资，该基金成了第三大股东。这年，卓越销售额达 1.6 亿人民币，成了国内电子商务领域的领先者。

然而，电子商务毕竟属于资本密集行业，做到一定规模才可能实现盈利，因此也注定了这是一个烧钱的行业。卓越起家时，每天处理 100 张订单，非常轻松；到 500 单时，库房已经不够用了，出现配送困难；到 1000 单时，又是一个门槛。要做到每日 10 万单的业务量，需要 3 万平方米的库房，2 万个货架。每个货架需要 1500 元人民币，单单购买货架的支出就高达3000万元人民币。再加上其他费用，最少也要1000万美元。规模一旦上去，就需要更优秀的管理者和更高标准的配送服务。一方面，本土缺乏相关人才；另一方面，高标准的服务也意味着更大规模的投入。

引入风险投资并非不可能，但是世纪之交网络泡沫破裂之后，互联网投资价值没有之前那么高，风险资本趋向保守，动辄就想控股。若盲目引入外部投资，很可能因为股份稀释而出局。

种种原因，雷军开始感到“艰辛”。于是，2004年8月19日，卓越以7500万美元的价格被急于进入中国的电子商务巨头亚马逊全盘收购。五年创业告一段落，雷军说，“这是一个让双方都满意的交易”。据雷军透露，为打造卓越，5年间先后投入不超过500万美元，回报惊人①。

企业的发展与人才的发展

出售卓越后，据说雷军个人入账不下1亿人民币，具体数额虽无从知晓，但雷军从此“比较淡定”了。

金山战线拉得太长，涉足词霸、毒霸、游戏、电商，分散兵力，费力不讨好。譬如电子商务，亚马逊烧钱8年才止亏，卓越做多久能盈利，谁心里也没谱。相反，网络来钱快，陈天桥做网游第一年就赚得盆满钵满。对比之下，把电子商务丢给亚马逊去做，不仅可以迅速回笼资金，也有助于公司专注更赚钱的网络游戏。2004年，金山开发的《剑网》成

---

① 引自许晓辉、刘峰、魏雪峰所著《梦想金山：一个坚持梦想的创业故事》，中信出版社2008年版。

为仅次于网易《大话西游》的国产网游。雷军说："卖掉卓越，放弃一个机会；继续闷头做，可能失去更多的机会。"①

但雷军背负的压力并不轻，业绩的压力，资本的压力，还有一块心病：金山迟迟未能上市。

进军网游领域时，雷军有一次讲话，大意是说自己不容易，大家也不容易，活得太窝囊。说着说着就掉下泪来，旁观者无不动容。二十几名高管拥上去，抱头痛哭。2006 年，金山开始进入了人事变动高峰时期。

终于，2007 年 10 月 16 日，金山在香港联交所挂牌上市。两个月后，雷军挂冠而去。

关于雷军离开的原因，外界众说纷纭，无一定论。雷军亦曾多次被问及，他一律以"身心俱疲"回应。这应当是实情，但并非是全部。更多的原因，恐怕在于金山与雷军之间的分歧。

雷军是一个完美主义者，他身上仍保留着工程师基因，苛求产品，追求卓越。但是公司并非实验室，而是一个讲求利润与回报的机构，两者分歧难以避免。金山的上市问题一直困扰着雷军，不断有人问他："为什么那么多人不如你，却都能成功?"越到后来，雷军对金山愈加质疑。但雷军是伴着金山一步步走下来的，相当于半个创始人，他在心里仍有感情，这是一种非常复杂的感情。当金山登陆港股之后，雷军终于了却了一桩心病，可以放心地离去。

金山上市后，有一件事在雷军心里引起了强烈震撼：这家发展了 16 年的公司市值不过 6 亿多港币，不要说腾讯、百度、阿里巴巴这样的大

---

① 引自《中国企业家》2004 年 11 月刊《雷军首度详述出售卓越内幕：缺钱只能选择卖》一文，作者程苓峰。

公司，就是跟巨人、盛大等新秀公司相比，也相差甚远。

现实逼着雷军思考原因。正如某金山前高管所言：“本质上讲，金山是一个没有真正意义上的创始人的公司。从张旋龙到求伯君，再到雷军，都不是从第一天起就坚定不移的创始人。金山是个傍大款的公司，跟四通合作，后者看重它的资源，跟联想合作，后者看重的是它的品牌。金山从 WPS 到词霸，从词霸到毒霸，从毒霸到游戏，一个个打过来。因为上市后的财务报表压力，每个新业务坚持 1 年多就放弃。到了后期，大家都很彷徨，领导们说的理想主义竟然有了机会主义的意思。但是，这是一家有技术追求的公司，活得够久，出了大批高级技术人才，大家对金山都很有感情。”①

然而，关键的问题是，“当企业发展的速度跟不上人才发展的速度，怎么办呢?”答案有两个：企业谋变，或者人才出走。对于“活得够久”的金山来说转变必然伤筋动骨。雷军离职并不奇怪。

站在投资人视角审视创业

实际上，没人比雷军更了解金山。离职 1 年后，他进行了深刻的反思。他曾作过一个生动的比喻：“金山就像是在盐碱地里种草。为什么不在台风口放风筝呢？站在台风口，猪都能飞上天。”

从之前的繁忙工作解脱出来后，雷军一时间无法适应，他试图有所行动。但离开金山时签署的行业禁止协议成了一道“紧箍咒”，令他无

---

① 本段引自《创业家》2011 年 8 月刊封面文章：《速度与激情：雷军和小米手机的三国杀》，作者雷晓宇。

所适从，施展不开手脚。雷军形容说："每天早上起来不知道干什么，半夜如果醒了觉得很茫然。"终于，"退休老干部的凄凉"被一项投资打破了。

2004 年，孙陶然酝酿线下支付项目，到处找投资。雷军与孙陶然是旧相识，对他的创业能力心知肚明，听说后第一反应就是"陶然做什么都能成，无论做什么我都投"。雷军立马打电话问孙陶然，能不能给个投资机会。孙求之不得，于是，雷军就成了拉卡拉的投资人。

这拉开了雷军的天使投资人生涯。相比项目，雷军更注重于人，他说："人靠谱比什么都重要。"

2005 年，雷军曾经的部下陈年创办我有网，雷军慨然投资。这个项目后来失败，陈年消沉过一段时间，在 2007 年复出创办凡客诚品，雷军又投钱给他，并全力支持他重新创业。

此后，雷军先后投资多看、多玩、乐淘、乐讯等 17 家创业型公司。与一般投资人不同的是，雷军并非投钱之后罢手不管，也未走向万事过问的另一个极端。他是以创业的心态参与投资，经常与创业者探讨业务。凡客起步时，雷军几乎全程参与，傅盛的可牛也是在雷军建议下转向杀毒软件的。

实际上，雷军一直没有放下创业的念头，但是一时之间也找不到好的创业方向，所以遇到合适的项目便投资，以投资人的身份深入观察。观察的结果是，他看中了移动互联网，"开始拎着一麻袋现金看谁在做移动互联网，第一名不干找第二名，第二名不干找第三名"①。

---

① 本段引自《创业家》2011 年 8 月刊封面文章：《速度与激情：雷军和小米手机的三国杀》，作者雷晓宇。

雷军说："我想做移动互联网，但移动互联网我不懂。不懂就要交学费，最好的办法就是多看别人怎么做，那不就懂了么，不需要在第一线。2005年，移动互联网零零星星几个人在做，都是门外汉。但技术是有累积性的，在UCweb折腾一段时间后，我对这个行业已经通透了。"

雷军说的UCweb是一款手机浏览器，是他投资的优视科技公司的主打产品。这款软件是当前最热门的手机浏览器，正是它开启了雷军对移动互联网的梦想，让接下来的故事成为可能。

创业应有计划性

2009年12月16日，雷军40岁生日，生日聚会上，曾经的部下对他说："40岁才刚开始，你怕什么！"

就在不久前，雷军和晨兴资本谈妥了一笔投资，他说的"我对创业仍有敬畏之心"打动了投资人。更早的时候，雷军作为UCweb董事长向谷歌中国工程研究院副院长林斌发出合伙创业邀请。林斌是谷歌与UCweb合作做移动搜索业务的项目负责人，在合作中与雷军碰撞出许多创业火花。

林斌在微软工作11年，谷歌工作4年，在业内人脉深厚，起初他还认为，"雷军可能投资我创业"。到最后，雷军说，不如一起做吧！刚好谷歌中国撤到香港，林斌便留在了大陆创业。

基于对移动互联网领域的长期观察，雷军与林斌决定做移动终端设备，也就是手机。两人都是手机发烧友，第一次见面，各自从包里掏出好多手机，拆机玩。据雷军说，自己在16年中先后买过53部手机，2007 年苹果刚一推出 iPhone，他就买了好几台，除了自己玩还送人。

最初的新鲜过后，iPhone 给雷军留下了深刻的思考，这款产品的种种不足让他萌生了改善的冲动，并进而演化出“软硬兼施做终端”的思路。雷军和林斌认为：手机将会取代电脑成为大众最经常使用的计算中心，尽管现在没有手机能完全做到这一点，但未来将是移动互联网的天下。先人一步，率先开发移动互联网手机，无疑是具有战略前瞻性的商业机会。

接下来，雷军与林斌规划了三个阶段：第一，找人手，建团队；第二，先做移动互联网，培养粉丝，塑造品牌形象，然后做手机；第三，手机网上销售，坚持顶级配置，不以手机为盈利而是作为一种渠道。

简而言之，雷军要以互联网的方式做手机终端，他要以新的商业模式，颠覆固有市场。

雷军与林斌都是业内名人，虽然人脉广泛，但组建创业团队也颇费周折。雷军把刚从金山辞职的手下黎万强拉进来，林斌找来了微软同事黄江吉和谷歌旧友洪峰。洪峰是一个技术狂人，有过两次创业经历，虽然失败，但市场嗅觉敏锐，有实战经验和技术专长，他负责互联网产品开发。

随后，通过圈子，团队扩大到 14 人，基本上一半来自金山，一半来自微软。这是雷军理想中的组合，金山的人熟悉本地化市场，营销经验丰富。微软的人懂互联网，有技术专长。

保持节奏，稳步向前

尽管如此，业界似乎仍不看好，谨慎者甚至怀疑这个商业模式，毕竟摊子铺得太大了。

雷军早有准备，“我做天使投资，见的几百个项目大部分都死了，听到的更多是沮丧的消息。今天轮到我干，无论我多有经验，第一个念头是自己可能不行。创业就像跳悬崖，只有5%的人会活下来”[①]。

得益于营销上的成功，小米手机开售后遭遇热捧，库存几度销售一空。2012 年 3 月 19 日，小米官网开放第五轮销售，10 万台手机在半个多小时内迅速告罄，产品之火爆，由此可见一斑。当然，任何一款产品都无法做到令所有人都满意，赞美追捧者有之，批评质疑者有之，甚至不乏打压声音。对于雷军来说，商业江湖的波谲云诡不足为虑，而产品质量却容不得半点马虎，任何一个瑕疵都可能成为被攻击的借口，在产品与目标客户之间竖起一道道隔阂。

一个颠覆性的创业者，势必会遭遇重重阻挠。如果没有足够强大的内心和定力来面对现实纷扰，也许你压根就不适合创业。而如果你有坚定的目标和既定的节奏，这一切又算什么呢？话说回来，外界的噪音、质量的批评、同行的责难，难道不是让你变得更加强大的基石吗？

---

① 本段引自《中国企业家》2011 年 8 月刊《雷军投资雷军》一文。

小结：方向！方向！

雷军有过多重身份，最引人瞩目的是投资人和创业者，将这两个看似矛盾的身份集于一身，他的创业历程注定与众不同。

早期的雷军，与马克·扎克伯格、安迪·鲁宾很相似，可以说是一个中国版的极客。雷军轻而易举地编写出各种实用软件，在那个缺少竞争的年代，这意味着各种各样的机会。但他的早期创业并不成功。“三色公司”更多是始于年轻人的一腔热血，公司成立后，甚至没有明确的业务方向，什么来钱快，从事什么业务。一个草莽混沌的开局，注定了后来的失败命运。开公司说起来简单，但其实还是需要技术含量的，最起码，清晰的业务范畴必不可少，想到什么干什么太过儿戏。

时间和命运也许会埋没掉一个人才，但人才本身的特质却能使之超越尘埃，在关键时刻闪光。雷军是幸运的，他遇见了自己的“伯乐”：求伯君。独特的机缘让他年纪轻轻就在金山获得一席之地。随后的经历更使其在商业上得到启蒙，开始学着以管理者的姿态审视创业。

平心而论，金山的壮大，雷军居功甚高；卓越网的创办，也离不开他的运筹帷幄。他或多或少地参与了这两家企业的创业过程，作为创始人获得了丰厚回报，但他仍未实现心中的创业梦想。

有钱之后，雷军投资了许多公司，他开始扮演“创业教父”的角色，在一群创业者身后指点迷津。作为投资者，雷军有机会接触到各式各样的创业点子，而他所投资的这些互联网公司最终让他捕捉到了互联网手机的灵感。此时的雷军，一呼百应，可以调动的人力、财力足以搭起一个新架子。

小米手机能够走多远，能否让互联网手机从概念便为现实，尚需拭目以待。不过，我们从雷军的身上，依稀可以看到卓尔不群的创业气质。首先，在能力还不具备的情况下，不必急着创业，不妨到那些成长型企业中寻找历练的机会。其次，方向正确是成功的先决条件，这是雷军在金山得到的最大收获。再次，落后于人并不重要，重要的是要有与领军者并驾齐驱的策略。卓越网的创办与兴起便是差异化竞争的典型，依靠“精品”策略尖兵突进，在早期电子商务领域取得了自己的席位。最后，以革命性的姿态和概念切入已有领域不失为避开过热竞争的一条捷径，但此路带有一定的赌博色彩，若无对未来趋势潮流的把握，不可贸然行进。

孙陶然：从跟随到领先

我自己就是个“喜新厌旧”的人，一旦某个业务上了正轨，就总想着“转向”。投资人的选择其实是成套路的，如果公司符合套路自然能顺利获得融资。很多人总是希望自己少做事，最好是能搭别人的车去盈利，可是投机取巧的做法往往并不稳当。

——孙陶然

创业路径：四达广告→《北京青年报·电脑时代周刊》→《生活速递》直投杂志、《户外装备》杂志→蓝色光标→恒基伟业→永业国际→拉卡拉

创业者的潜质

当创业成为社会风尚，大肆流行之际，人们不禁要问，成功的创业者都有哪些共同之处？换句话说，是什么让他们于万千人中脱颖而出，在市场中开辟一片崭新天地？

尽管先天因素与后天因素的争论至今不绝于耳，本书仍倾向于认为，创业者与生俱来的某些素质在特定时空下催化激发了此后的一系列连锁反应。因此，站在唯物主义的角度讲，个人潜质与宏观环境乃是内因与外因的辩证关系，两者互为依托，缺一不可。孙陶然的经历很好地说明

了这点。

1969 年，孙陶然生于吉林省长春市，一路波澜不惊，15 岁时考入东北师大附中，命运轨迹悄然发生改变。

东北师大附中是全国 13 所重点中学之一，师资力量雄厚，培养出了许多优秀毕业生，并有良好的校友交流传统。1985 年，一位考取北大历史系的学姐回母校讲述北大生活，激发了孙陶然内心的悸动。

20 世纪 80 年代，文化交流还依赖口口相传。像东三省这样的工业重镇，交流不畅，文化成为稀缺之物，高中生只能从书本、电视、报纸上获知外界的只言片语。这位学姐的出现给强烈希望获知外界信息的孙陶然及时地推开了一扇窗，他一下子被那些讲座、沙龙、活动等新奇事物吸引住了。他后来回忆说，“不知为什么，我感觉自己注定要学文科，要考北大。”

直到 21 世纪最初几年，数理化仍是高中教育的主流，文科则是差生的选择。时至今日仍有这样一种说法，“学好数理化，走遍天下都不怕”。久而久之，从校园到社会，形成了一种顽固的传统，很多学生不明所以，盲目随大流，而不愿听从内心的声音。孙陶然认为：学理科，充其量成为一个术业有专攻的专家而已；学文科，则可以指挥一大批专家去做事。

就是这个单纯的想法支撑他读完高中。1987 年高考，孙陶然报考北大国民经济管理专业（后来的光华管理学院）。这个专业属于新兴热门学科，在改革开放浪潮的激荡之下应运而生，带有很强的应用性和时代气息。北大走在前列，率先设立这一学科，当时仅在吉林省招收两人，报考者众多，孙陶然最终以全省文科第四名的成绩杀出重围，如愿以偿进入北大。

北大4年时期的孙陶然，并不是一个中规中矩的“好学生”。他将高中梦想变为现实，疯狂地参加讲座，涉及国学、文化、艺术，几乎无所不包，专业课反而成了“副业”。听讲座大大开调了孙陶然的视野，使他形成了比较宏观的思维方式，同时在潜移默化中影响着他的价值观和方法论。

除了讲座，孙陶然还对集体活动兴趣浓烈，其中最值得一提的是团校。入学后，孙陶然被选为班级团支部书记，不久即成为北大第四期团校学员。在此期间，孙陶然结识了来自各个学院、各个专业的先进分子，大家时常在一起讨论家国大事，搞读书会等活动。对于成长期的年轻人来说，跨学科交流很容易形成交叉型视野，有利于他们跳出固有范围审视自身。更重要的是，此时结识的朋友将成为一生的人脉资源，对于创业者来说，这无疑是一笔难得的人生财富。

回头来看，高中时的孙陶然求知欲旺盛，不过是一个少年正常的渴望成长的冲动。难能可贵的是，他所在的学校提供了特殊机缘，让北大这颗“种子”在少年心中落地生根，而孙本人的智力和努力付出，换来了预想中的回报。进入北大之后，广泛涉猎各学科知识，热衷于社会活动，培养了他外向型的人格。

孙陶然并非技术型人才，他日后的创业更多的带有市场化色彩，可以说与早年经历密不可分。譬如，在决定文理分科之际，十多岁的少年居然能洞穿两者本质，自觉而坚定地做出判断和选择。也许从那时起，他在潜意识中就开始琢磨，“指挥一大批专家去做事”。

机会来了，果断抓住

1991 年，孙陶然大学毕业，当时联想集团总裁办到北大招聘，选了两个人：孙陶然和一名学政治学的女生。正当孙陶然为进入这家知名电脑公司而欣喜时，却意外地没有获得留京指标。户口被打回原籍，孙陶然被分派到长春本地一家企业。但孙陶然并不准备接受“二十岁时就知道自己六十岁时什么样”的生活，他在报到的当天便办理了停薪留职手续，买了一张火车票，风风火火返回京城。

这次来北京，孙陶然属于“外来务工人员”，自然不可能进入体制内谋生，索性顶着“黑户”帽子下海，加入北京市民政局下属的集体企业，属于当时中关村第一批民办企业之一的四达集团，也是后来名噪一时的恒基伟业公司前身。在这家企业，孙陶然整整付出了 10 年光阴。

在那个人心思变的时代，是什么让这个心高气傲的年轻人沉静下去，潜心 10 年？在个人与企业的关系上，孙陶然有清醒的认识。他认为，企业和个人的关系有四种排列组合：企业有前途，个人也有前途；企业有前途，个人没前途；企业没前途，个人有前途；企业没前途，个人也没前途。一定不能选的是个人没前途的组合。看起来，孙陶然至少在四达集团看到了个人的前途。

不过，当时的四达集团却谈不上前途，企业经营不善，业绩萎靡，前景堪忧，压根就不入北大毕业生的法眼。但孙陶然却在这里找到用武之地，他被分到集体公关部担任策划室主任。第二年集体组建四达广告公司，他被任命为常务副总经理，主持经营工作，参与组织全国大学生科技大赛，随后担任电视剧《广告人》两位制片人之一，业绩有目共睹。1994 年年底被提拔为总经理，而此时，他才只有 25 岁。

毕业不到 3 年时间，跻身分公司一把手，固然因为当时的四达人才不济，更在于孙陶然出色的组织策划才能——这正是他大学时参加社团活动无形中培养出的能力。在广告公司总经理岗位上，这项才能获得了进一步提高的机会，最终外化为灵敏的商业嗅觉和强健的市场开拓力。

孙陶然上任时，四达广告公司账上仅有 3 万元，发工资都是一大难题。为了打开局面，他几乎整天跑市场、拉业务。他后来回忆说，自己走上绝路，要么闯过去，要么辞职。

恰在此时，机会出现了。适逢《北京青年报》扩版，准备增加电脑、汽车等板块，在每周三增加 8 个版面，4 个版面做电脑，4 个版面做汽车，分别开辟为电脑、汽车周刊。报社不愿亲自动手，而是打算与广告公司合作，把周刊从采编到广告整个外包出去。但由于无法预料前景，找了多家合作方，无人敢接手。孙陶然听说此事，“觉得一个新领域可能蕴藏更大的商机，想试试”①。

孙陶然看中了电脑周刊，认为信息化时代即将到来，电脑终将走进千家万户。在这个过程中，大众媒体将会出现越来越多的电脑广告，创办电脑周刊将是一件有前景的事情。但周围的朋友并不这样认为，毕竟当时电脑在国内还算奢侈品，动辄数万元，根本不是普通家庭能够负担得起。史蒂夫·乔布斯和比尔·盖茨所谓的“家庭电脑”，“老百姓想都不敢想，甚至没有这个概念”。

---

① 引自《中国经营报》2003 年 6 月 6 日《孙陶然：擅长侧击的竞争者》一文。

孙陶然自有主张，可是高达400多万元的承包费却让他发难。即便首付只需100万元，对于当时的四达广告公司来说也是一笔“巨款”。无论如何，孙陶然决定拿下来，他去找集团老总张征宇商量，借来60万元。剩下的40万元，向员工集资，承诺一年后回报率30%，终于如期凑得首付款。

奇思妙想，勇于尝试

1995年2月28日，《北京青年报·电脑时代》创刊。孙陶然在发刊词上这样写道：“电脑将走下神坛进入寻常百姓家，我们必须在老百姓喜欢看的媒体上，用老百姓读得懂的语言和方式，给他们讲述有关电脑的一切。”而当时，他手下连起码的采编团队都没有。

接下来，最迫切的是盈利。孙陶然面临两个具体问题：一是，电脑生产商、代理商都习惯在专业媒体做广告，如何说服他们到大众媒体投放广告；二是，买断版面费这么高，如何赚钱？

实际上，孙陶然心中也没谱，不过事到如今，只能硬着头皮往前冲。孙陶然几乎整天都往中关村跑，试图劝说那些电脑商试试效果。虽然真有人被他打动，同意试着刊登几则广告，然而，总体广告量少得可怜，一个季度过去后，广告收入几乎为零。

同时创刊的《北京青年报·汽车时代》也面临同样问题，因为广告量太少，不得不将版面压缩至两个版。孙陶然分析后认为，根本原因是电脑商对大众媒体心存顾虑，因此必须让他们意识到大众媒体的推广能力。

孙陶然决定背水一战。7 月，他拿出公司账上最后的十几万元，在北京郊区租了一家度假村，邀请计算机生产商市场负责人共 40 多人开了一次当时媒体界“最豪华”的研讨会。不但请大家住了两天，为每位嘉宾安排了人盯人的接待员（公司员工），还组织了丰富多彩的文体活动，以及研讨会，并将研讨会的内容在报纸上刊登出来。

研讨会后，孙陶然表面不露声色，安静等待，心里却直打鼓，要是还不见效果，10 万元可就打水漂了。一周后，有电脑商主动登门了，随后 IBM、联想、方正等大牌厂商纷至沓来，争抢着要刊登广告，到 8 月中旬，一年的广告版面便被订购一空。接下来，只需“坐着等收钱了”。

到年底，四达广告公司实现赢利 100 万元，1996 年则高达 800 多万，1997 年突破 1000 万元。据孙陶然回忆，“与《北京青年报》合作的两年多里，每年都是年初版面就被基本预订一空”。卖广告版面是一本万利的买卖，只要搭建好平台，即可坐地收金。四达广告公司在孙陶然手中起死回生，资产攀升至 1997 年的 2000 万元，在四达集团 56 个公司中位列三甲①。

创业者似乎都有摆脱体制下海的共同经历，如潘石屹、史玉柱、张近东，这些受过高等教育的商人最初都有过一段或许并不愉快的体制内生活，最终无一例外选择出走。应该看到的是：他们选择的出发点是追求人生价值的最大化，与孙陶然所说的“个人的前途”有异曲同工之妙。以此为基准，不难做出判断：追求安逸稳定的人并不适合创业。这固然因为他们无法突破体制的温存，除非有大变故，断不可能出走，而

① 本段数据引自《财富时报》2008 年 12 月 5 日《孙陶然：创新型“棋手”》一文。

即便下海，没有保障的生活也会令其很快厌倦。

所谓适者生存，在商业丛林中，对市场有天然的敏感、前瞻性地把握潮流、最大限度配置资源、坚持到底且乐此不疲的创业者往往才会受到机遇垂青，如孙陶然这样，迅速找到事业的突破口。

同领域的创业延伸

对于创业新手来说，市场简直是一家脾性古怪的银行。若想从这里获得资金，不能一味迁就，必要时还得来些强硬手段，拿出破釜沉舟的勇气。当然，这往往是不得已而为之。

孙陶然推出“度假村研讨会”，事先究竟有多大成功过把握并不重要，关键是有改良的计划和尝试的勇气，即便失败，不过是一次试错，得到的经验、教训、人脉、资源是无法用数字计量的。

1997 年年底，《北京青年报》提高承包价格，为降低经营风险，孙陶然终止与其合作，《电脑时代》无疾而终。随后孙陶然又开始马不停蹄地创办中国最早的直投杂志《生活速递》。

直投来自英文 Direct mail，意为“直接邮寄广告或直投广告”，定期向目标受众免费投放。因其指向性强，容量更大，深受广告主欢迎。在国外发展迅速，在美国甚至占到媒体广告总量的 20% 左右。

孙陶然从《电脑时代》周刊的蓬勃发展中意识到消费时代广告市场的巨大容量，于是率先引入直投杂志这一模式，将《生活速递》定位于高端杂志，向北京高档小区、写字楼、餐饮娱乐场所免费投放，仅一年时间，便从传统平面媒体阵营夺得大半广告客户，一举奠定了在直投杂志领域的江湖霸主地位。

由于全部刊登广告，省去采编流程，成本压缩在印刷、投放等项目，与此同时广告容量大幅攀升，《生活速递》创刊不久即进入盈利状态。此后一路遥遥领先，不出两年便走出北京，在上海、广州同步发行，辐射最具经济活力的珠三角和长三角地区。

市场需要什么样的公司？

如果说《生活速递》不过是在《电脑时代》基础上重整旗鼓，那么蓝色光标则是在另一领域独辟蹊径。

1996 年的一天，孙陶然忙着筹备《生活速递》，大学挚友赵文权找上门来，邀请他一起组建一家公关公司。赵文权和孙陶然同届，专业是政治学及行政管理，与孙陶然在大一结识，两人十分投缘，毕业后走得比较近。赵文权毕业时被分配到王府井百货大楼，站了 4 个月柜台之后毅然辞职。当时赵文权借住在孙陶然居住的小平房里，于是被他引荐到四达集团公关部，也就是后来的四达广告公司，做了两年总经理助理。

后来赵文权跳槽去了当时中关村很有名气的新天地公司，并接替黄勇担任新天地旗下路村公司经理，主要是搞活动、做广告，还给新天地出了一本书。1995 年路村公司跟苹果电脑合作，赵文权也开始真正了解公关行业，“大概知道了客户的需求是什么，我们能够帮他们解决什么样的问题。客户的需要就是我们的机会”。在当时，“公关” 是一个热门词汇，电视剧《公关小姐》的热播催发了这个行业的迅速发展，大江南北一夜之间涌现出许多大大小小的公关公司，成了那个时代的独特风景。

赵文权的想法很简单：公关市场如此火热，实际上却是一窝蜂，真正有实力者不多，大浪淘沙，始见黄金。在赵文权心中，成立一家公关公司参与市场竞争的想法非一两天的兴致所在。但他一直缺两样东西：一个是人，一个是钱。看到孙陶然在广告市场如此吃得开，于是便想拉这个大学死党入伙。

孙陶然与广告客户打交道发现，随着市场竞争加剧，企业迫切期望树立品牌形象，非常需要专业的公关公司包揽各种活动。然而惧于公关行业良莠不齐，他有时难免显得过于保守。孙陶然本能地想到，可以趁机将自己掌握的企业资源转化为公关客户，于是他与赵文权一拍即合。

选对人，定好规则

不过，孙陶然认为要想做大做强，仅凭孙、赵二人之力还不够，于是他们又拉来两名北大师兄联想总裁办公室主任许志平和长城电脑市场部总经理陈良华，以及当时连邦软件总裁吴铁做股东。孙陶然对团队创业有清醒的认知，他曾说："做股东第一个就是志同道台，第二个要门当户对。一个很穷的人和一个很富的人合作一个公司，这个公司也做不了，因为大家的财富地位差别太大，追求不一样。"①

陈良华和许志平早在孙陶然和《北京青年报》创办《电脑时代》周刊之初就被孙陶然聘请为顾问，吴铁的连邦软件一直是孙陶然的客户，彼此均有了解，优势互补，惺惺相惜。

---

① 引自《创业家》2010 年 5 月刊《蓝色光标公关公司：股东的那些事儿》一文。

当务之急是给公司取一个名称。五人开动脑筋，想了不少名字，但没有一个合适。有人提议，每人想一个自己最喜欢的字，拼凑起来看看，结果组成不伦不类的“文君子化缘”，当然无法通过。最后，孙陶然想到IT界风生水起的事实，提出用“光标”二字，这是IT术语，大家齐声叫好，认为有时代特色。但因担心两个字的名字重名注册不下来，赵文权又从IT的蓝色得到启发，提议加上“蓝色”一词，“蓝色光标”就此诞生。

五人各出5万元，凑齐25万元，到工商局注册。1996年9月，蓝色光标数码科技公司在北大南门外的中成大厦成立。孙陶然等四人都各自有工作，只担任公司董事，赵文权当时已经离职，全心创业，加上在公关行业道行最深，担任总经理，全权负责公司日常经营。

赵文权的经验，加上孙陶然等人在IT界的客户资源，使蓝色光标很快便打开了局面。先后与实达、联想、AMD、思科、索尼、三星等大公司建立合作关系，业务范围从活动策划、广告创业拓展至品牌形象、产品推广、政府公关和危机处理，在业界建立了良好口碑，吸引了壳牌、杜邦等世界500强客户。

2008年，蓝色光标销售额达到3亿元，成为本土公关行业的老大。同年，引入达晨创投4000万元战略投资，为上市做准备。两年后，2010年2月26日，蓝色光标登陆创业板。“国内公关第一股”概念备受投资者追捧，以每股43.6元开盘，较发行价33.86元上涨28.76%。“创业五人组”每人身价高达3亿元。5万元投资，回报岂止“丰厚”二字？

2010年11月下旬举行的创业家年会上，赵文权作为创业明星，回顾蓝色光标历程。他把成功因素归结为两个方面：选对人和定好规则。他不无幸运地说："从蓝色光标五个创始人的团队来讲，很好的一点是，大家不斤斤计较眼前利益，着眼点是公司的长远发展，所以很多问题不会产生大的冲突、矛盾，大家能够求同存异。第二个是有规则，一开始就要把规则说好，所有的人要能够遵守规则，这样能够避免很多的事情。不然如果一开始都是随性的，或者兄弟之间、朋友之间的信任、意气，不把规则定下来，一旦出现大的问题，矛盾就不好处理。"①

实际上，如果不能彼此信任，就很难对规则达成一致，所以，归根结底，关键还在创业团队本身。蓝色光标从一家毫无名气的轻资产公司成长为创业板明星的案例再好不过地印证了这个道理。

市场需要什么样的产品？

在蓝色光标，孙陶然的身份与其说是创业者，不如说是天使投资者。基于与总经理赵文权的信任关系，他与另外三名股东大可撒手不管，并不参与日常经营，由赵在一线全权负责。

从长远来看，这种组织架构和分工类型有效避免了创业型公司常见的朝令夕改情况，使其沿着赵文权开辟的道路走下去。当然，信任的基石是，赵文权对市场的判断和经营能力足以取信于其余四人。

在《生活速递》杂志及蔚蓝轨迹广告公司走上正轨后，孙陶然有机会涉足掌上电子产品。90 年代初期，随着时代节奏加快，小型终端设备开始受到商务人士的青睐。1993 年，美国苹果公司推出全球第一款 PDA

---

① 2010 年 11 月 19 日至 21 日，由《创业家》、上海科技创业基金会联合主办的"2010 创业家年会"在北京举行，赵文权在会上作了发言，引文来自会议实录。

产品，集通讯录、计算机、日程表、记事本等功能于一体，深受商界人士欢迎。随后Palm、康柏、微软纷纷推出各自的掌上电脑产品。受此影响，本土公司也迫不及待地跟风推出中文版掌上电脑，一时间名人、文曲星、步步高、快译通等品牌竞相亮相，争夺国内市场。

当时的四达集团取得了快译通、名人等品牌的代理权，以中关村为中心，在短时间内迅速搭建起辐射华北地区的销售网络。随着市场打开，财源广进，集团总经理张征宇逐渐萌生进军产业链上游的想法。

相比代理，产销一条龙创造的价值无疑更高。况且为他人作嫁衣裳，终非长久之计。相对来讲，代理商受生产商制约要多一些，一旦双方关系恶化，生产商自行搭建渠道，外围代理商势必遭受沉重打击。因此，要想稳固地位，最好的办法莫过于自主掌握整个产业链。

从市场需求的角度看，发现一个行业比发现一个市场有价值得多，孙陶然也格外看好PDA市场的未来。恰在此时，四达集团高层决意涉足自主品牌PDA，集团老总张征宇拉拢大批人才，准备大干一场，还做了一份近200页的说明书，不动声色地打造自己的PDA产品。张征宇是北京航空航天大学博士，在人工智能方面有很深的造诣。

1998年2月，四达PDA研发完成，5月，张征宇请孙陶然带领旗下的四达广告公司为四达PDA产品策划整合营销方案，8月孙陶然带队完成了策划，并为四达PDA起了一个相当洋气而上口的名字“商务通”。

张征宇认为，商务通要想成功，第一是必须组建一个新的公司，第二是必须改变四达集团原有的管理风格。他反复力邀当时已是四达集团副总裁兼四达广告公司总经理的孙陶然加入到新公司的计划中来，他很看中孙陶然的营销才干及管理才干。

当年10月，各方面条件均已成熟。张征宇联合孙陶然、范坤芳、赵明明、宋建元、冯庆宇和李明七人成立了恒基伟业公司，专门运作PDA项目。张征宇是第一大股东，担任董事长兼总裁，负责生产、研发，孙陶然是第二大股东，担任常务副总裁，负责公司日常经营及品牌、市场。

商场波谲云诡，“不为天下先”是孙陶然一直秉承的理念。这个“先”，也是“先烈”的意思。一窝蜂赶集式地进入市场是极其莽撞和缺乏理性的，需要认真分析市场，在时机成熟后谨慎进入。当年爱多VCD就是一个鲜活的教训，由于高调进入市场，后被竞争对手集体拉下马，此后便一蹶不振。

有统计显示，后来者在向市场领先者发起挑战时，用于开发市场的投入必须是领先者投入的几倍，成功概率却只有三分之一。

市场调查是创业过程中的必修课。调查数据和量化分析，将有助于企业改进市场策略和产品开发目标。商务通在定型之前做了大量调查工作，在产品屏幕尺寸、字体大小等方面，都经过大量的统计分析及实际操作。甚至找到很多平时不接触电脑、字都写不工整的人试用，根据他们的感受反复修改。

1998年12月，孙陶然主持召开产品发布会，将商务通推向前台。此时的国内PDA市场，Palm、康柏、惠普等外国厂商还不屑一顾，几乎是清一色本土厂商。起步较早的名人拔得头筹，风头最健，文曲星、快译通等品牌尾随其后。看来，商务通来得还不算晚。

一则广告奠定半壁江山

虽然孙陶然这个恒基伟业的第二大股东与第一大股东相比股份相差

巨大，但他在创业过程中作用之大，丝毫不亚于第一大股东：张征宇推出商务通，孙陶然则把商务通推向市场，堪称创业功臣。

几乎每个高科技公司创业之初都有这样一对搭档：一主外、一主内；一个擅长市场，一个专攻技术。在早期的联想，他们是柳传志和倪光南；在哈佛时代的Facebook，他们是萨瓦林和马克·扎克伯格；而在此时的恒基伟业，孙陶然与张征宇即为众人眼中的“黄金搭档”。

孙征宇团队将商务通客户定位于“工商界人士、企业管理人员、政府工作人员及其他有大量信息需要随时记录和查找的人士”，围绕方便、快捷的理念设计产品，设置“开机即显示27个常用电话号码”、“50万汉字的海量存储”、“常用商务、旅游资料”、“全部或局部加密”等实用功能。

孙陶然的任务非常简单，就是尽可能迅速、高效地推广商务通，争夺市场。研发和生产环节由张征宇负责，可保证产品质量、性能、外观处于市场平均水平之上。而只有对产品有信心，宣传推广起来才有尺寸和底线，当然，这需要讲究一定的策略和技巧，这正是孙陶然所长。

商务通上市之后，孙陶然旗下的四达广告为商务通设计的广告语是“商务通，查电话只点一下”，孙陶然为恒基伟业设计的广告语是“恒基伟业，科技让你更轻松”。后来黑龙江代理商反馈说，自己打出的广告“男人三大件：手表、手机、商务通”效果不错。时任恒基伟业品牌总监的戴启军（孙陶然的大学同班同学，后来与孙陶然一起创办拉卡拉）提议将广告语改成：“呼机、手机、商务通，一个都不能少”，孙陶然拍手叫好，认为简洁流畅、层层递进，很符合商务通的产品属性和市场定位，于是“就决定打它了”。

孙陶然本身就是市场营销方面的行家里手，在媒体圈颇为吃得开，兼有《生活速递》高效直投平台，打起广告来更是得心应手。早在商务通正式上市之前，他就开始在媒体制造声势。

尽管掌上电脑问世多年，但市场表现差强人意。大多数国内消费者对 PDA 产品缺乏必要的了解，所以文曲星、快译通卖得不温不火。舍得打广告的名人则占据市场主流地位，不过远未占到垄断地位。

孙陶然分析发现，无论 PDA，还是掌上电脑，产品名称均不便记忆，所以名人、快译通等品牌迟迟火不起来。从长远来看，产品本身没问题，且存在广阔需求，关键是如何激活市场。刚刚过去的 1997 年，国内手机用户达到 1300 万，孙陶然一上来就直接宣称“呼机、手机、商务通，一个都不能少”，等于把商务通划入与手机对等的产品大类，直接越过名人、快译通等对手。

孙陶然这招出其不意，再加上密集的广告轰炸，居然真得在市场炸开了锅。人人都开始打听商务通是个什么东西，因势利导，无形中培育了大批潜在客户。“呼机、手机、商务通，一个都不能少”大肆流行，成为 20 世纪 90 年代末的一道独特口号。这句广告语对于销售额的增长，可谓功莫大焉。那时，上至耄耋之年的老人，下至咿咿学语的孩子，提到商务通，几乎都能随口说出这句广告语，足见传播效果之显著。甚至时至今日，提及 PDA，很多人便会直接联想到商务通；而提及商务通，则会联想到掌上电脑，无疑都是拜这句先入为主的广告语所赐。

独特营销，杀出重围

1998 年年底，市场已热，商务通大张旗鼓，正式上市。然而，广告战还未结束。

说是广告战，其实只是孙陶然一个人的战场。其他厂家几乎全部偃旗息鼓，唯独恒基伟业舍得砸钱做广告。当然，作为市场后来者和挑战者，除了竭力宣传推广扩大知名度外，别无生存之法。

恒基伟业与中央戏剧学院大一学生陈好签约，为商务通做形象代言人。陈好为商务通拍摄的第一个广告片长达 10 分钟，主要介绍产品基本功能，如“商务通查电话，只点一下”，“这个电脑能手写”。尽管陈好还没有后来那样大红大紫，但她清纯、秀雅的形象打动了许多人。随后的市场走访和调研中，受访者普遍反映广告可信、耐看，证明了策略的成功。

第一阶段的广告策略无非是以恰当的方式告诉消费者商务通是什么，能做什么。陈好的广告效果显著。人们不仅明白商务通就是掌上电脑，而且对它具体有哪些功能十分了解，许多人看完广告后的直接反应是，看来我还是需要一部商务通的。这样，许多潜在客户被挖掘出来。借助出色的市场推广，依托前期建立的销售网络，商务通一举成名，仅 1999 年便售出 66 万台。

实际上，陈好的广告篇开启了 PDA 市场，不仅为商务通打开了销路，同时还带动了其他品牌的销售。接下来，面对同类竞争，孙陶然调整广告策略，重点展示商务通的独特性。

第二阶段聘请湖南电视台主持人李湘为代言人。当时，李湘主持的《快乐大本营》荣获金鹰奖不久，引发了一股“快乐旋风”，在国内人气十分旺盛。恒基伟业借势用势，通过李湘之口传达“科技让你更轻松”的理念。由于李湘的巨大人气，全国的电视观众很快便记住了这句口号和商务通。

此时，随着竞争加剧，对手也开始模仿恒基伟业，大规模地推出形象广告。为了树立商务通的品牌形象，与对手拉开差距，孙陶然等人紧随其后，策划推出第三阶段的广告。

这次代言人是公众形象成熟、稳重的演员濮存昕。濮存昕在荧幕前塑造了许多事业有成的正面形象，以至于被公认为是成功人士的代表，与商务通的市场对象诉求不谋而合。借助濮存昕的推广，商务通克服了李湘广告中“娱乐有余而商味不足”的缺憾，整体形象得到大幅度提升。

三位代言人分别根据不同时期的广告策略和品牌诉求，借助媒体传播平台，以各自的方式阐述着商务通的功能、定位，以影响特定的消费人群。商务通简捷、便捷的商务形象逐渐深入人心，与“手机、呼机、商务通，一个都不能少”的广告语首尾呼应。当濮存昕口中说出“科技让你更轻松”时，殊不知，不少白领已经在暗暗计划购置商务通了。

巨大的广告投入，带来销量的稳步上升。1999 年，商务通上市第一年销量即达 66 万台，销售额即突破 7 亿元，跃居行业第一位。此后，“商务通神话”成为热门，引发了商界热议和业内模仿。到 2000 年时，商务通的销售额已占据全行业 70% 以上的份额。

怎样应对外部恶性竞争？

正当商务通攻城略地，不断进取的时候，内外环境发生了两个重大变化。这两个变化对多数创业者来说，都是极为考验智慧的难关：跨过去，功成名就；跨不过去，跌入深渊。

第一个变化来自外部。商务通后来居上，它的成功刺激了许多人，不仅让老牌 PDA 生产商严阵以待，也给整个行业带来了竞争。结果商务通的营销套路广为人知，市场上一夜之间涌现出了大大小小的 PDA 生产商约 20 家，大多模仿恒基伟业的模式，通过铺天盖地的广告营销开拓市场。

竞争者的加入令行业火热，甚至出现混乱，但商务通的领先地位并非轻易可撼，直到与名人的正面交锋。

成立于 1993 年的名人公司在 PDA 领域耕耘多年，在商务通问世之前一直处于市场领导地位。早在 1994 年便研制出全球首款“中文手写掌上电脑”，1997 年推出全中文手写掌上电脑“名人 21 世纪”。四达原本为名人做代理，谙熟门道后进军上游市场。商务通的兴起对名人冲击最大，不仅让其损失了一个重要的分销渠道，更以竞争者的姿态极大吞噬了其市场份额。

客观地讲，得益于多年的技术积累和沉淀，名人 PDA 在质量、功能、外形等许多方面不输于商务通，只因营销乏力、品牌不振，才会在竞争中落于下风。而如今随着商务通的崛起，整个 PDA 行业风生水起，在某种程度上盘活了市场，带动了同类产品的普及和销售。

但名人不甘心被这个昔日的代理商牵着鼻子走，不仅要夺取失去的份额，还要进一步扩大市场占有率。如名人老总余德发所言：“我们要给同行树立起高高的价格壁垒，用相当低的价格清洗一批不具备实力的厂商，同时给后来者进入此行业增加难度，确保名人在掌上电脑行业的新龙头地位。”

当时的PDA市场，名人市场份额仅次于商务通，于是它便通过发动广告战、价格战来挑战商务通的市场地位。2000年下半年，名人率先掀起降价高潮，推出一款仅售600元的低端产品。在其带领下，各PDA品牌纷纷“跳水”。众多厂商展开激烈的营销攻势，许多品牌将矛头直指“领头羊”恒基伟业，一家企业甚至打出这样的广告：“网都上不了，商务怎么通。”

名人不甘示弱。2001年2月，王牌产品“智能王”推向市场。该产品采用7号电池，草书连笔输入，造型更薄、更轻、更小，而价格只有1380元，比最初定价低了200元，旨在吸引更多消费者。与此同时，为了更好地推广这款产品，名人公司聘请当时热播剧集《笑傲江湖》男主角令狐冲的扮演者李亚鹏出任形象代言人，并在电视剧后插播30秒片尾广告，赚足了眼球。

面对价格战，恒基伟业内部莫衷一是，最后决定迎战的意见占了上风。于是便发动“商务通A计划”，主流产品定价全面下调35%。与此同时加大广告宣传力度，出资1650万元冠名四川全兴足球队，更名为四川商务通队，并在平面媒体发布一系列形象广告。到年底，商务通销量出现井喷，短短三个月出货量突破60万台，年度销量一举达到120万台，市场占有率超过50%①。在名人公司的产品定位中，“智能王”的竞争对象是“商务通连笔王”，在迅疾的营销攻势下，“智能王”迅速抢占后者的市场份额。6月12日，名人再燃战火，在北京举办新闻发布会，宣布发动“普及风暴”，大幅下调3款主流产品售价。将“一指连笔王”

---

① 上述数据引自《创意先锋：营销实战案例》一书（中国经济出版社2005年版）“商务通、名人：掌上角力”与“商务通、名人市场实战案例”两节内容。

升级为“一指草书王”，售价却由1180元下降到998元，打破了同类产品1000元的价格底线；原价800元的“金世纪”超薄PDA降至698元；2000年新推出的低端产品PDA328A也降至500元以下，仅售498元。

孙陶然认为：“此次名人的降价是冲着商务通来的……我们认为不足以产生大的影响。”

追随潮流的脚步（上）

莎士比亚有一句至理名言：世事的起伏本来就是波浪式的，人们要是能够趁着高潮一往直前，一定可以功成名就；要是不能把握时机，就要终生蹭蹬，一事无成。这话被许多企业家当做金科玉律，人人都希望“趁着高潮一往直前”，可惜，“世事的波浪”却常常令人无所适从。

所谓时势造英雄，大多数从创业者中脱颖而出的商业英雄都是那些敏感地发现潮流，并有足够的勇气和能力驾驭潮流的冲浪者。他们的成功固然离不开个人因素，但是潮流所向才是根本原因。上升行业的创业者往往容易成功，与其说艰难困苦、玉汝于成，不如说被时代的浪潮推向商业之巅。而如果行业大势已去，即便他的商业眼光、格局、作为不同凡响，也断难扭转大局。

孙陶然此前的人生可谓顺利，但种种迹象表明，他的事业低迷即将到来。在这个创业狂人的内心深处，外部环境尚不足虑，内部变化却令其忧困不已。然而，一个组织，无论公司，还是公司中的团队，往往会在外部环境的感染下或多或少地发生微妙变化。而此刻，随着恒基伟业与名人在正面战场大打出手，孙陶然愈发强烈地感到危机，不祥之兆渐渐强烈起来。

2001 年，400 万台的全年销售量让中国成为仅次于美国的世界第二大 PDA 市场，也让人们见识到这个行业的巨大容量和潜力。一时间，IT 企业纷纷开发 PDA 产品，不仅国内知名的联想、长城、海尔盯上这块蛋糕，纷纷斥巨资开发 PDA，就连惠普、康柏等跨国公司也开始研发针对中国市场的产品。国内外巨头的加入令行业风生水起，如此一来，既有的市场格局便面临巨大变革。

然而，一个未经注意的事实是：市场总量虽在增长，但增长幅度比之前几年，已有所放缓。PDA 市场总体特征开始呈现分化趋势：原来的高中端产品在价格战中纷纷沦为中低端产品，以迎合 PDA 迅速普及的需求。但致命的是：降价无形中损害了行业的长远利益，中低端产品大量涌现，市场趋近饱和，增幅放缓，利润趋薄。而利润丰厚的高端产品却非本土品牌所擅长。

可以想见，高端市场将成为未来各大商家争夺的主战场，虽鹿死谁手尚难下定论，但无论对于名人还是恒基伟业，拥有技术、资金优势的国外品牌无疑将成为一股不容忽视的力量。

作为深思熟虑的市场观察者，孙陶然对降价导致的行业变革了然于胸，因此一直反对价格战。他认为降价不仅“打不死别人”，还可能拖累自身，葬送品牌优势，陷入微利生存的困境，所以极力反对降价，但应者寥寥。商务通只是恒基伟业旗下一个部门，价格策略争执不下，拿到董事会上讨论，“很多董事很冲动，决定降价反击”，眼见无力改变，孙陶然只能听之任之。

事实上，此时的孙陶然已孤立无援，因为“内部也发生了一些变化”。创业以来，孙陶然一直负责品牌策划、市场推广和销售，商务通按着他的思路高歌猛进。但在1999年市场做大后，孙陶然不再负责营销和管理，“只管品牌市场这一块了”，他的角色从全面的管理者变为部门负责人。

怎样应对内部环境变化？

在恒基伟业的股权结构中，张征宇是控股大股东，占股80%以上，孙陶然只有5%，其余五个股东每人股份只有3%。创业之初，张征宇主管技术，孙陶然负责市场，两人配合默契，在极短的时间内将商务通打造成了国内知名品牌。在这个过程中，孙陶然卓越的策划和营销才能起到了举足轻重的作用。

但是，随着行业潮流的涌动和公司自身的壮大，组织内部在潜移默化间发生了深刻改变。

张征宇是优秀的工程师，拥有技术人员精益求精、追求卓越的可贵品质，但是优秀的研发者和设计者往往不是出色的营销者。很多时候，为了生存，不得不对市场做出妥协。恒基伟业依赖孙陶然打开局面，这种关系决定了商务通初期典型的进取风格，带有鲜明的市场化特征。

当公司拥有一定地位、财力和积累后，张征宇血液中的技术基因便开始发挥作用。特别是行业竞争的加剧，激发了他内心的技术情结。他希望拿出更高端的产品参与竞争，为公司和个人带来荣誉和财富。这本无可厚非。作为公司大股东和管理者，张征宇自然希望在业内赢得一席之地，对技术的执著，又本能地鼓舞他以自己最擅长的方式介入经营，表现为将投入向研发倾斜，轻视市场营销，这不可避免地背离了孙陶然的初衷。

与此同时，孙陶然的头衔虽然不变，但实权却被大大削弱。在员工心目中，这个“未来可接张总班的人”被“释了兵权”。管理风格的变更逃不脱员工的知觉，恒基伟业员工毫不避讳地指出：当张进时，产品的优点会很突出；当孙在时，产品的销量、市场形象又好很多。

无论当时的媒体，还是以后当事人的回忆，都倾向于将上述事实归结为权力分配。但是古往今来的事实表明，这是所有技术型公司面临的永恒困局。市场派与技术派，都有各自的出发点和价值观，所以很难简单地分出高下，只能站在当时的处境下进行判断，寻找最好的出路。

恒基伟业内部的变化是渐次发生的，只是在外部环境的剧烈撞击下，愈发凸显而已。但无论如何，现实已经走到这步田地，不可收拾，孙陶然索性“去美国度假”了。一个竞争者闻听此事，长舒一口气道：“好呀，这下我们可以干掉它了。”人非草木，也许孙陶然对这家曾寄予大量心血的公司深情犹在，但从长远看，PDA 的黄金时代已经过去，最好的出路就是寻找新的机会。

“急流勇退谓之知机”

2001 年 5 月，PDA 行业高歌猛进之际，孙陶然急流勇退。外人看来似乎难以理解，但联想到 PDA 市场此后的低迷，孙陶然的悄然引退可谓恰到好处。洞悉风险，未雨绸缪，实则是创业者必备素质。

回头来看，在张征宇率领下，恒基伟业与名人公司正面交锋，碰撞出激烈火花。商务通面貌焕然一新，虽挽回了一些颜面，但市场份额被蚕食，地位已大不如前。张征宇有心重整河山，奈何行业大势已去，并非一二人物可挽回颓势，恒基伟业此后的命运可想而知。

耐人寻味的是，孙陶然离职不久，恒基伟业另一位创始人范坤芳也心生离意，这引发了外界的丰富联想。人们纷纷议论这家公司发生何种变动，以至于创业元老先后离去，也有人认为行业衰落才是根本原因。

站在历史视角看，任何行业都有各自的寿命，对于创业者来说，尤为关键的是认清大势所趋。作为一款带有明显时代特征的产品，PDA 就像随身听、MP3 等产品一样，局限性在所难免。由于迎合了市场需要，在消费电子产品起步的 90 年代末辉煌一时，却无法逃避昙花一现的命运。

随着市场热情消退，消费者从懵懂走向理性，功能日渐丰富的手机成了替代产品，PDA 行业终于在恋恋不舍中日落西山，寄生于这个行业的公司也不得不面对浪潮逝去的残酷现实。

选择创业即意味着放弃安逸生活，告别安稳日子，必须时刻准备面对挑战，解决各种棘手难题。然而，一味向前并不明智，每一个行业都有生命周期，上升期高歌猛进，低回期正是重整旗鼓的好时机。而对孙陶然来说，“商务通”的事业巅峰已成过去，创业之路却没有尽头。

2002 年年初，孙陶然再次出发，投资创办北京乾坤时尚科技发展有限公司，以第一大股东的身份出任董事长，董事会采取 2/3 多数通过制。恒基伟业的经历让孙陶然意识到股权的长远意义，因此在公司成立前就将股权结构设计好，以免后患。他说：“刚创业的时候，大家也许不在意各自股份的多少，但事先一定要设计好，否则这个比例会影响企业的机制。”

说起来，乾坤时尚与恒基伟业有莫大的关联。孙陶然赋闲期间，国内多家知名企业向他伸出橄榄枝。也许恒基伟业的经历令他伤心，也许被对方开出的条件打动了，孙陶然差一点为某企业动心加盟，但这时几个恒基伟业的下属带着创业项目找到了他。

这个项目就是掌上电子词典。由于英语教育日渐被重视，以学生为消费主体的电子词典很有市场。特别是北京申奥、中国入世等一系列事件营造出浓烈的国际化氛围，更激发了国人学习英语的热情，电子词典行业一派利好。作为手持终端，电子词典与 PDA 有极大的相似之处，技术难度低，容易过渡，随着 PDA 市场步步沉沦，名人、步步高、快译通等公司一窝蜂转向电子词典，形成一股新潮流。就连 VCD 厂商金正也参与其中，被视作市场繁荣的例证。

孙陶然很早就注意到这轮业态动向。早在 2000 年年底，他就被电子词典市场的迅猛势头吸引，这一年全国销量达到创纪录的 280 多万台，市场规模接近 14 亿元。但孙陶然并不知道自己离去后一些旧部已开始进军这个领域。因此，当这几个昔日下属拿着项目找他入伙的时候，孙陶然犹豫了。

下属们拿出一堆数据，而最打动孙陶然的是这句话，“有技术，有产品，就缺你了。”

尝试在新行业复制成功

平心而论，孙陶然对 PDA 和恒基伟业存在感情，期望行业出现转机，但理智和现实告诉他大势已去，只能寄希望于未来。在 IT 领域摸爬滚打了这么多年的他依然对电子产品情有独钟，坚信会有超越商务通的产品问世。当这个机会真得到来之时，他内心的创业激情又被点燃了。

电子词典并非新兴行业，当时正因竞争加剧陷入低端厮杀的恶性循环，增长疲软。孙陶然认为，“只要拿出一个像当年商务通‘查电话，一点就有’的革命性创新，同样能取得和商务通一样的成功”。

孙陶然果断地接受了创业邀请。2002 年 3 月，乾坤时尚科技发展有限公司正式成立。

初创时期，员工近三分之一是恒基伟业时的部下，许多以前的代理商也闻讯而来，让孙陶然既倍爱鼓舞又深感紧张，从他们热切的眼神中感到重担在肩。重新起航，孙陶然成了掌舵者，他给公司进行了清晰的定位：“不是卖机器，而是做市场；不是做辞典，而是做教育产业。”

在这个理念的指引下，乾坤时尚从一开始就显得与众不同。一次，公司举办全国产品卡通形象设计大赛，按照投稿数量，以每份 4 元的价格向代理商支付组织费。但由于参与人数众多，总共回收有效作品近 100 万份，组织费累计达400 万元，大大超过预算，一些代理商甚至都做好了打折扣、赊账的准备。最后，孙陶然却将组织费全额支付给他们，此举为公司赢得了极好的口碑。

事实上，这是孙陶然合作共赢理念的体现。作为后来者，乾坤时尚面对的是一个被文曲星、快译通等瓜分殆尽的市场，要想打开局面，必须棋高一着。为迅速建立销售渠道，孙陶然推出“现款现货，绝不赊销”的政策，这在行业内绝无仅有，很快吸引来大批代理商加盟。

领导者最主要的三件事

引人注目的是，擅长营销的孙陶然并未将精力放在广告、公关等外延工作上，而是致力于产品技术创新。

公司副总裁何庆军说："孙总对技术部门要求非常高。别人能装英汉、汉英词典，我们要英语、汉语、成语、专业用语统统装；别人能装三部词典，我们要装七部；别人没有跳查或只能在三部词典中跳查，我们要在五部中实现；别人在词汇上没有分类，我们要根据雅思、GMAT、GRE、托福，大学、高中、初中、小学详细分类，方便消费者应用；最关键的是，我们要在实现所有这些功能的前提下，保证机器运行和查询速度比别人的快一倍以上。"

这样做主要是基于孙陶然对市场的理解。在孙陶然看来，技术上的裹足不前将导致市场停滞，如果单纯围绕营销做文章，对产品功能、使用感受等方面漠不关心，市场将低迷不振。乾坤时尚作为市场后来者，更应在技术方面推陈出新。"技术创新是引爆市场的导火索，是市场新循环的开始。"

技术并非孙陶然所长，上述产品功能拓展势必依赖专业人才，幸运的是，孙陶然招揽到大批技术精英。"我从来都是愿意找比我强的下属"，让这些人带来内部竞争意识，推动整个团队前进。技术人才通常有清高固执的倾向，孙陶然从不担心自己和他们的观点相左。"要是有一天身边真的没人跟你讲不同意见，那才真有一种孤家寡人的可怕感觉。这样，你离失败也就不远了。"

此时，作为团队精神核心，孙陶然对创业又有了新的认知，他总结了领导者最主要的三件事："第一，看清这个团队要达到的目标；第二，找到达成这个目标所需要的各个方面都非常强的高手；第三，能够把这些桀骜不驯的高手协调起来，让大家配合起来共同实现目标。"

在孙陶然领导下，乾坤时尚在三个月内推出两款产品，于 2002 年 6 月投放市场。在未做大量广告、局部销售的情况下，凭借过硬的品质赢得了市场认可。仅仅半年时间便销售出 15 万台，乾坤市场由此跃居市场第五名。2003 年，孙陶然开始发力，一年中先后推出 15 款新产品，同时掀起营销风暴，主打发音电子词典，接连推出"乾坤发音王 V3600"、"乾坤发音王 V4500"等高端产品，并斥资千万在全国摆擂，比拼发音标准，结果无人能及，一举奠定了行业霸主地位。

追随潮流的脚步（下）

创业让孙陶然对市场形成独到理解，他对《中华工商时报》记者说："市场本身自有其内在的发展规律，不因产品领域的不同而改变。外在的表现就是市场规模总是从一点点慢慢发展到极至，再逐渐缩小；市场竞争从无序到有序，再逐渐走向无序；消费群体从金字塔顶端逐渐向底部延伸，随着市场的饱和，再逐渐退向顶端；市场格局从一两家慢慢发展到多家，再逐渐减少为几家。"①

在孙陶然的计划中，乾坤时尚无疑是电子词典市场的规则建立者，

① 引自 2003 年 3 月 28 日孙陶然接受搜狐网记者的专访，详见《"商务通"传奇缔造者孙陶然做客搜狐》一文。

将成为这个行业由乱到治的少数受益者。然而，正当他按照既定计划突进时，一家名为好记星的行业新星却以令人瞠目结舌的速度迅速崛起。好记星营销声势迅猛，在电子词典市场横空出世，打乱了乾坤时尚的节奏。

2004 年，好记星仿佛带着魔力，席卷电子词典市场，包括文曲星、快译通在内的品牌无一敌手。2005 年，好记星销售额突破 20 亿元，相当于乾坤时尚 2003 年成立之时整个电子词典的市场总量。

经历商务通的辉煌和电子词典市场的洗礼，孙陶然开始对商业有了新的认识。他开始重点关注新创产品服务的商业模式，因为商业模式的可持续性是创业之初就应想明白的问题。

孙陶然认为，商务通最终被替代，就是因为产品赚钱的同时没有为企业积累下实质性东西，核心竞争力未获得提升。2011 年年初接收《东方早报》专访时，他这样总结商务通失败的原因：“你可以赚三年快钱、五年快钱，时间一过去之后，就没有了。”① 而乾坤时尚在电子词典领域的败北同样有这个原因，但更重要的是对已有市场把握不足。

如果创业者选择的产品、服务，既能够满足当下用户的需要，在赚钱过程当中又能够累积沉淀下一些东西，转化为企业的关键要素并进而形成竞争优势，这样的商业模式堪称最优。

无论商务通还是乾坤时尚，孙陶然都是作为市场后来者参与竞争，他开始正视行业选择。进入已有行业，必将面临激烈竞争，除非有过强能力，否则终将沦为补充者。如果开辟新行业，本身就是市场探路者，

---

① 引自《中华工商时报》2003 年 3 月 1 日《孙陶然豪情复出》一文，作者肖可。

则不必担心这些问题。“虽然有人推崇 copy，但是没有一个伟大的公司是依靠 copy 成功的，要想创出业，要想创始事，必须创新。只有创新才能打造出企业的战斗力。”①

一个好点子，一个好名字

在好记星的猛烈攻势下，乾坤时尚生存空间日趋缩小。部下纷纷要求孙陶然重新出山。孙陶然认为既然他是乾坤时尚的大股东兼董事长，就必须出山收拾摊子。

2004 年年底，孙陶然重新出山，第一件事就是将乾坤时尚公司及部分团队卖给了好记星，然后开始带领剩下的团队转型。这一次，他将目光投向了金融服务领域。

2005 年年初，当孙陶然再度出山的消息传出后，时任金山软件 CEO 的雷军和联想投资立即为其注资 200 万美元。雷军始终认为，投资就是投人，并且，“人和项目之间，人是决定性因素”。在他看来，商务通、蓝色光标等品牌的成功足以证明孙陶然作为连环创业者的眼光和实力②。

孙陶然瞄上了电子支付，原因有二：一是在从事公关、广告、IT 等行业后，他希望转型做一家服务性企业，因为这个行业生命周期较长；二是，日常生活中，银行普遍存在支付不方便、缴费不方便、还款不方便等问题。最常见的例子是，无论是平时，还是周末、节假日，总能看到顶着酷暑冒着严寒排着长队，在银行等候办理业务的人。可见，解决

---

① 引自《东方早报》2011 年 1 月 27 日《孙陶然：商务通教我不要赚快钱》一文，作者张飒。
② 引自《创业家》2010 年第 11 期《创业的 36 条军规》一文，作者孙陶然。

银行支付瓶颈方面存在市场。

为生活服务，成了他创业的最终归宿。秉承电子支付理念，孙陶然提出这样一个概念：把家门口的每一家便利店发展成为便利支付网点，为消费者提供日常必需的金融类服务。

2005 年 1 月，联想投资、雷军及孙陶然共同投资创立的拉卡拉正式成立。旨在充当电子商务金融服务商角色的拉卡拉，在遍布城市各个角落的便利店植入智能刷卡支付终端，借此解决支付困难。消费者可以轻松实现信用卡还款、手机充值，缴纳水电费、电话费，甚至网络交易。

时至今日，拉卡拉已成为极富价值的品牌，但恐怕无人想到这个名字的有趣来源。最初“拉卡拉”沿用“乾坤”这一名称。一次，孙陶然和王志东等几个朋友吃饭，王志东提建议：“你做便利支付服务得起个好名字，‘乾坤’不好听也不容易记，干脆叫‘拉卡拉卡’吧。”孙陶然联想到上海人称刷卡“拉卡”，同时“老外不会讲中文，但会发‘拉卡拉’的音”，便改为“拉卡拉”①。

模式、团队与资金

拉卡拉的商业模式可谓独辟蹊径，在整个电子商务链条中扮演着一个起承转合的枢纽角色。

对上游来讲，银联提供转接，拉卡拉负责网点签约、终端购买及投放和运营维护，以及电子账单支付的实际操作和推广业务。与此同时，

---

① 本段数据引自《中国青年报》2009 年 2 月 23 日《孙陶然融资 3500 万美元的背后》一文，作者魏和平。

消费者持卡消费或转账也增加了对银联卡的使用频率，间接为银联带来了收益。两者是合作、互补关系，不存在任何竞争。

对下游而言，拉卡拉相当于“账单整合者”。通过拉卡拉建立的实时交互平台，消费者可以通过拉卡拉终端机器，进行商户账单资料的处理，并通过多方式、多渠道的电子化方式进行支付。实时支付的效果，方便了商户提前收款，增加了资金的周转速度，减少了资金占有率和坏账的产生。与此同时，大量消费者的信息，对商户改进客户资源的管理也不无裨益。

多赢是商业成功的核心要义。对于拉卡拉自身来讲，收取手续费佣金是主要的盈利来源。

依照事先达成的协议，顾客进行一笔交易后，签约的商户将为此支付一笔手续费。这笔手续费的分配如下：银联提成 10%，发卡行拿走 70%，拉卡拉拿走 20%①。上述分配方式于各方均有利可图，于是，拉卡拉在短时间内吸引了大批优质合作方。

拉卡拉的运营模式得到业界和市场认可，但孙陶然依旧面临每一个创业者都不可回避的问题：团队和资金。

在日常经营中，孙陶然借用围棋术语，总结出领导团队的四个环节——对表、切磋、算账和复盘。“对表：给自己和下属设定明确的可执行的目标；切磋：经常和下属以及下属的下属一起开展‘头脑风暴’，探讨如何达成目标；算账：期末考核并兑现奖惩；复盘：抛开对错回顾得失、总结经验。”在孙陶然看来：“对表和算账是管理，切磋和复盘是

---

① 关于拉卡拉名称的来源见《首席人才官》2009 年 3 月刊《拉卡拉：品牌都是熬出来的》一文。

指导，创始人必须都兼顾。”①

资金是创业者老生常谈的话题。拉卡拉的生存环境不容乐观，由于国内还有财付通等多家终端支付服务机构，甚至在某些地区已具备相当的规模，拉卡拉唯有加速跑马圈地，才能捍卫自己的市场。

对于拉卡拉来说，高速扩张势必面临巨大的经济掣肘：每一个终端服务点的建设成本超过 2000 元，要实现全国范围内 50 个大中城市的网点建设，成本至少要 2 亿元，还不包括宣传推广等费用。

孙陶然的愿景是：“百步之内，必有拉卡拉”，这无疑需要强大的资金做后盾。孙陶然的创业能力和拉卡拉的商业前景引来了大量外部投资。从 2006 年至今，拉卡拉先后完成三轮融资。2010 年联想控股通过收购其他投资人的股份成了拉卡拉控股股东。2011 年 5 月，拉卡拉成了第一批获得中国人民银行颁发的全国性支付牌照的同类企业，并开始从公共缴费服务向“公共缴费服务 + 商户收单服务 + 个人支付服务”三位一体的支付公司转变。依托联想控股的资本优势，拉卡拉获得了进一步成长的持续动力。

小结：营销、产品与创意，一个都不能少

某种程度上讲，初创型企业成败取决于业务是否专一。很多企业都因没有抵御住多元化诱惑，深陷泥潭而不能自拔。孙陶然的创业历程，可以用一句俗语来形容：“一个萝卜一个坑。”从《北京青年报·电脑时

① 关于拉卡拉的分配数据，引自《新周刊》第 305 期《玩转拉卡拉》一文，作者文莉莎。

代》、蔚蓝轨迹广告公司到《生活速递》、《户外装备》及蓝色光标，再到商务通、乾坤时尚、永业国际和拉卡拉，20 年时间孙陶然在两个领域创办或联合创办了 6 家公司。每一家都是自创新开始，最终都做到了细分行业数一数二的地位，因此他堪称中国跨界连续创业第一人。

但创业经历丰富的孙陶然仍然谨慎而冷静："相比前两次成功的创业，拉卡拉的未来还有待时间去检验。"爱好围棋的孙陶然总是将商业和围棋相联系。在他眼中，虽然 5 分钟就可以学会围棋，但要成为一名优秀的围棋棋手，却需一生的时间，外加可遇不可求的机缘。

企业管理者亦如此。孙陶然曾言："做人可以'敢为天下先'，但做产品'为天下先'不一定好，因为市场需要启蒙期。优秀的创业者应该懂得把握市场时机，而不是一味地勇往直前。"所以，在"对的时间做对的事"至关重要，何时进入市场、何时开拓扩张、何时又该稳健保守，一系列决断的背后，离不开创业者对自身与环境变化的动态把握，并进而做出系列性的调整。

而实际上，考察孙陶然的创业路径，其成功之处正是基于对市场和潮流的把握，不失时机地切换创业领域，逐渐奠定了连环创业客的声名。孙陶然的连环创业历程，有以下几点尤其耐人寻味：

首先，适当营销事半功倍。一个好点子并不一定带来利润，好的包装、策划则会加大它的价值，并为利润兑换带来可能。孙陶然创办《北京青年报·电脑时代》副刊的过程将这点体现得淋漓尽致。而商务通的大肆流行，更是多亏了那句"手机、呼机、商务通，一个都不能少"的广告语。

其次，宣传推广离不开产品基础。换句话说，优秀的产品才是纵横市场的王道。从商务通开始，每一项新生意，擅长营销的孙陶然同样专注于技术创新。随着市场的成熟，广告战与价格战已经不能决定成败，高手过招，拼到最后的还是产品。市场总是呼唤好产品，但并非人人都有能力生产。对于 IT 行业的创业者来说，技术还是分出高下的核心竞争力，非专注无以培养之。

最后，什么是好产品？质量、性能、功能，是评判产品优异的硬性条件。这取决于技术的高下，但光有这些还不够，最重要的一点是要符合市场需求，拉近客户距离。拉卡拉正是这样的产品。在商业竞争泛滥的当下，为了找不到商业机遇而苦恼的创业者不妨学一学孙陶然。好创意并非海市蜃楼，它们来自于对现实生活的亲身观察，更来自于对人情世故与市场趋势的深切体悟。是做蹉跎岁月的梦想家，还是做勇于实践的创业家，永远取决于我们自身。

王雪红：没有人能随便成功

自从我投身高科技领域创业以来，我一直战战兢兢，如履薄冰，而且不断告诉自己，不进则退，必须不断创新、勇往直前。

——王雪红

创业路径：威盛电子→宏达电（HTC）

HTC 背后的女人

2011 年 3 月，《福布斯》杂志公布的 2011 年全球富豪排行榜中，台湾地区爆出黑马，王雪红、陈文琦夫妇以 68 亿美元的身价跻身台湾富豪榜首。一个月后，《福布斯》中文版发布 2011 年全球华人富豪榜，王雪红夫妇再次以 68 亿美元一举超越前首富郭台铭，当选台湾地区新首富。

2011 年 8 月，《福布斯》公布全球最具影响力女性排行榜，王雪红名列第 20 位。《福布斯》亚洲版称其为“无线通讯领域最有影响力的女性”，《纽约时报》称她为“全球科技界最有权势的女人”，而《商业周刊》将她列为“亚洲之星”第 25 位，《华尔街日报》称她为“亚洲女主管 10 强”。

如此煊赫的人物，人们不禁要问：王雪红究竟是谁，财富源自何方？答案是：她是台湾宏达电子和威盛电子的创始人，财富便是来自这两家高科技公司的股权。也许人们对宏达电子和威盛电子感到陌生，那么对风行天下的 HTC 手机一定不陌生。没错，王雪红就是 HTC 背后的那个女人。

1997 年，王雪红与卓火土、周永明在台湾新竹联手创立一家英文名叫 High Technology Computer Corporation 的公司，就是 HTC 前身，后更名为宏达国际电子股份有限公司。HTC 以代工 PDA 起家，迅速成长为全球最大的智能手机代工厂商，一度垄断全球智能手机 80% 的市场份额，素以 Windows Mobil 操作系统闻名的“多普达”品牌就出自其旗下，是 HTC 的子公司。

HTC 如今已是全球最热门的手机品牌，令人不解的是，它是如何从代工商转型为自主品牌的公司的?

回到 2006 年。这年 6 月，宏达电子推出自主手机品牌 HTC。此后一年小幅试水，但成绩平平，直到 2008 年推出 HTC Touch Diamond、HTC Dream 两款手机才引起市场注意。尤其后者，是世界上第一款采用 Android 系统的智能手机，与苹果公司的 iPhone 相抗衡，迅速提高了品牌知名度。

此后，HTC 进入高速成长期，依托正当潮流的 Android 操作系统和客户基数庞大而稳定的 Windows Mobil 操作系统大肆流行，声誉日隆。2011 年 10 月，全球最大的综合性品牌咨询公司 Interbrand 发布“2011 年品牌价值百强榜”，HTC 成为唯一入选的中国品牌，排名第 98 位。

从 1997 年到 2011 年，HTC 从台湾一家籍籍无名的代工厂成长为与可口可乐、IBM、微软、英特尔、苹果等国际巨头并驾齐驱的世界百强品牌。2011 年年初市值更是超越“百年老店”诺基亚，智能手机鼻祖、黑莓手机制造商 RIM 公司[①]。高盛在一份投资报告中评价如下：HTC 采用了“非常独特的企业模式和有效的生态系统”，未来值得期待。看好 HTC 的高盛分析师罗伯特·陈格认为：“HTC 将能从宽带发展的趋势中收益，使得该公司在新兴市场中能够获得显著的增长潜力；而 HTC 领先的产品规划与品牌销售，也将有助于在全球消费者中增加该公司的影响力。”

俱往矣！15 年的历程，HTC 有着怎样的沉浮荣辱，不妨从创始人王雪红的创业一探究竟。

从小培养独立意识

1958 年 9 月 14 日，王雪红出生在台北市，母亲杨娇，父亲则是大名鼎鼎的“台湾经营之神”王永庆。

然而，此时的王永庆事业正处于上升期，但还没有获得后来的诸多荣誉。1957 年，王雪红出生前一年，40 岁的王永庆把 1954 年组建的福懋公司更名为台湾塑胶工业股份有限公司，也就是台塑集团，从塑胶、纺织向石化、电子、能源、医疗、运输等领域全面扩张。

王永庆有三个太太，原配郭月兰没有生育；杨娇是二房，王雪红是她最小的孩子，上面有两个哥哥，两个姐姐；王雪红出生几个月后，三太太李宝珠生下第一个小孩王瑞华，也是一个女孩。

子女众多的王永庆格外重视教育，他最常说的两句话是：要学会做

---

① 2011 年 4 月 7 日，HTC 的市值达到 338.8 亿美元，高于诺基亚的 328.4 亿美元，远远超过 RIM 公司的 285 亿美元。

人处世，要学会追根究底。自幼接受父亲熏陶，这两句话深深烙进了王雪红的脑海，无形中影响了她的人生观和世界观。

王永庆工作繁忙，每天凌晨三点起床，做毛巾操、写文章、批文件，虽然和子女相处时间不多，却给幼年的王雪红留下了深刻的记忆。王雪红至今记得父亲喝咖啡的小习惯：“把奶精倒出后，一定要再倒些咖啡到装奶精的小盒子，把残留奶精涮出来再倒入咖啡，确信没有浪费后，才开始慢慢地享受。”①与此同时，王永庆总是强调，“所有的钱都是社会的，最终还是要回报给社会的”。这种理念一点点融入王雪红的生活，使她形成了简单朴质、克勤克俭的作风。

为了让后辈获得优质教育，王永庆将子女都送到国外读书，长子王文洋、长女王贵云都是在英国完成学业的。不过，到王雪红二哥王文祥、二姐王雪龄时却被送到了美国。在王永庆看来，“教育子女，得依靠环境的力量”，美国取代英国成为世界头号大国，于是成了王家子女新的留学圣地。

王雪红在台湾的大家庭生活到 15 岁，国中三年级时被送到美国加州。因为早先赴美的二哥王文祥、二姐王雪龄都在其他州工作，王雪红只能住到犹太寄宿家庭，独自开始异国留学生涯。

王雪红从小喜欢音乐，自幼练习钢琴，最大的梦想就是成为一名音乐家。但当她如愿以偿进入加州大学伯克利分校音乐系作曲专业的时候，发现自己并不适合这个专业：“我自己作曲，要想很久才能写出一个句子，但别人蹦蹦跳跳就出来了！”“举凡大音乐家都有两个共性：一是非

---

① 引自《中华工商时报》2011 年 6 月 10 日《王雪红：“大道为商”的奇女子》一文。

常认真，二是很有天分；我发现自己恰恰没有这个天分”，于是她果断转读经济系①。

王雪红到美国留学后，台塑集团进入高速发展时期，在通往台湾一流民营企业的道路上高歌猛进。这一时期，王永庆事业稳定，有更多的时间与子女交流。王永庆规定：子女必须定时给家里写信，这样才有生活费，不仅要汇报学业、工作，还要报告花了哪些钱，花在哪里方面。所以，每隔一段时间，王雪红便会写家书，向父亲报告近况，事无巨细，甚至连买条牙膏也要写上去。

王雪红每两三个礼拜就能收到父亲的来信，手写长信，经常有二三十页。王永庆时而将经营心得和管理理念倾注笔端，但当时的王雪红并不能完全理解，她回忆说：“我当时根本看不懂，国语又差，看完一封信很费劲。”②王雪红非常信赖父亲，认为“他说的话永远是对的”，拜读之后便把这些信件妥善保存起来。后来她自己创业也会时不时重新翻阅，从中获益良多。

通过密切的书信来往，王雪红对父亲的事业了解日益加深，对经济运行和企业管理的兴趣与日俱增。在伯克利课堂之外，王雪红寻找来自于现实的呼应，为日后创立自己的事业积蓄着力量。

当然，王雪红的大学时代还未展现出“商界女强人”的气质，更像一个“好好学生”。她酷爱读书，经常流连于伯克利图书馆。她一度觉得只要有5万美元，每天不用做事，去图书馆念书就行。为了赚取生活

---

① 引自《中国企业家》2011年第9期《王雪红：信仰与叛逆》一文，作者张殿文。

② 引自《中国周刊》2011年第12期《王雪红：从小到大没觉得自己富有过》一文，作者张友红。

费，王雪红也像普通留学生一样打工，而不是完全依靠父亲的接济。

读书时代固然美好，但只是漫漫人生的桥梁，到头来还是要通往更广阔的现实。1981 年夏天，23 岁的王雪红从加州大学伯克利分校取得了经济学硕士学位，回到了阔别已久的台湾，新的历程便开始了。

就业与创业的权衡

回到台湾，王雪红面临三个选择：一是父亲表达了希望她进入台塑集团的愿望；二是二姐王雪龄和姐夫简明仁正在创办的大众电脑集团，也正是用人之际；三是不靠家人，自己创业。

外界多认为王雪红会选择第二条道路，其实不然，在加入大众电脑之前，王雪红有过短暂的创业经历。1976 年，王永庆捐资 20 亿新台币创建长庚医院，身在加州的王雪红曾为长庚医院做过美国药品代购，因此对这个领域比较熟悉，回到台湾之后，她一度做过买卖药品的生意。但这一次创业很快无疾而终，随后王雪红违背父意，加入了大众电脑公司，做二姐王雪龄的助手。

王雪红自称有叛逆性格，“从小就养成了不想被控制，不想跟人走的个性”，虽然与父亲关系亲密，但并不适合在一起工作。一方面，台塑集团人才济济，初出茅庐的王雪红担心无法充分施展拳脚；另一方面，她对家族企业提不起兴趣。这源于一段实习经历：王雪红大二时在台塑集团办公室实习两周，“觉得实在无聊，就逃跑了”，为此“被父骂了很久”。可以想见，王雪红没有加入台塑集团，令父亲王永庆颇为失望，父女二人也因此一度产生不快。

王雪龄、简明仁夫妇从20世纪80年代初个人电脑的兴起中窥见商机，在1980年用自有的2.5万美金创办了大众电脑公司，一开始代理美国品牌机，同时兼做电脑组装生意：利用台湾低廉的劳动力和地理中转条件，将海外电脑配件组装成整机后，再返销欧美市场。由于经营有方，加上市场竞争者较少，大众电脑公司发展非常迅速，业务拓展很快，这对于王雪红来说无疑具有很强的吸引力。

从挫折中汲取教训

在大众电脑公司，王雪红负责开拓渠道，她这样描述当时的工作状态，“常常一个人拖个大桌子，租个展会摊位到处秀大电脑”。起初，王雪红如鱼得水，但一次欺诈事件让她见识到商场的险恶。

1982年，一个美国人找上门来，下了一笔高达70万美元的订单。这是王雪红的第一个国际客户，订单数额如此之大，她着实兴奋了一阵，然后就开始进料、制造、供货。供完之后在对方没有付款的情况下，又再加货。最初的兴奋消退后，王雪红发现不对劲，因为对方一直不付钱。

这个美国人是在西班牙做生意，为了了解情况，王雪红按照发货地址上的信息飞到西班牙去调查。到了之后大呼上当，原来对方把机器全部存放在一个仓库中，根本没有搭建销售渠道，当然也卖不出去。王雪红预感中了对方的圈套，“他先囤积货物，然后慢慢地逼我们反过来去支持他”。

由于没有经验被钻了空子，货物当然不可追回，70万美元的货款却不能不追讨。这可不是小数，足以让大众公司陷入绝境，看着二姐、姐夫四处借债，王雪红懊悔不已：“我的世界完蛋了，也把姐姐、姐夫毁了。”虽然不是她签的合同，但作为部门一把手，她负有不可推卸的责任。

王雪红不甘心就此罢休，带领两个部属飞到西班牙追债。王雪红回忆，这个美国人有黑社会嫌疑，自己和两个手下谁都不会讲西班牙语。人生地不熟，只好请一个留学生帮忙，找了律师和保镖，半夜三更跑到美国人的仓库去堵他，结果又是白忙一场。意识到此事不可操之过急后，王雪红索性在巴塞罗那租下一间公寓住了下来，“追着人家跑，要跟人家谈判”。

虽然最终货款一分钱没有追回来，但是滞留的半年时间，却让王雪红对欧洲市场有了初步认识。那时台湾还没有人去欧洲做电脑生意，讨债之余，王雪红到欧洲各国卖主板，逐步建立了一些经销渠道，为大众电脑打开欧洲市场的大门奠定了基础。这件事让涉世未深的王雪红感慨良多，她后来总结：“困难是一个人成熟的机会。一个人要成功，就得选最困难的事情去做。”

吃一堑，长一智。经此一事，王雪红得到一条教训：不要放账，一定要有保险，或是你真的很了解那个客户。刻骨铭心的教训令人警醒，直到今天，王雪红再没有被骗过一毛钱。

王雪红终归无法放弃内心的创业梦想，随着大众电脑的事业越做越大，创办自己事业的想法愈发强烈。1987 年，在大众电脑工作 6 年之后，做到分公司国众电脑董事长的王雪红选择离职，她说：“我是个不太喜欢被人家管的人，很感谢在大众学到很多东西，我也觉得自己可以做些事情。”①

贷款创业的底气

实际上，王雪红很早就表示出辞职创业的意向，一来二姐、姐夫一直挽留，二来没有遇到合适的机缘，所以“大概过了三四年才走掉”。这期间，经常来往于台湾与美国之间的王雪红在硅谷发现了一家小型芯片设计公司 VIA，萌生了创业想法。1988 年 9 月，王雪红将母亲赠送的台北锦州街的一套房产拿去银行抵押，贷款 500 万新台币，买下 VIA，就是威盛电子前身。

VIA 诞生于 20 世纪 80 年代末期美国芯片创业热潮之中。当时美国一夜之间冒出上百家芯片公司，VIA 则是由日裔工程师创立的小公司，技术上有独特的造诣。因理念不同，管理层历经多次换血，元气大伤，同时在激烈的外部竞争中无法突破大厂封锁，濒临倒闭。

王雪红密切关注着业界动态，当她得知 VIA 公司的处境时，决定借收购开始自己的创业历程。

事业做大之后，王雪红曾在媒体前这样回顾创办威盛公司的心路历程：“我还在美国念书的时候，一天，姐夫简明仁抱来一个庞然大物，这是别的厂家刚生产出来的电脑。正好当地有个展览会，我们就联系了一个很小的摊位，就一张桌子，把这个庞然大物放在上面。没想到，居然有人对我们的展品感兴趣，有外国客户要订货。我把订单给到姐夫他们

① 引自《商务周刊》2011 年 4 月 12 日《王雪红的眼力与魔力》一文，作者徐海涛。

的大众电脑公司，可是他们做不出来，我就想能不能自己来做。于是，我就创建了威盛电子公司。”①

事后回顾云淡风轻，创业过程则九曲回环，无法一笔带过。在大众电脑公司时期，王雪红发现主机板是几乎所有台湾电脑公司的软肋，就连专业生产厂家也不过尔尔，“不如干脆自己来做”。

直接收购可以免去创业过程中的诸多正面困难，但对创业者自身实力也是不小的考验。

对于 VIA 而言，王雪红不仅是资金注入者，更是经营、管理的核心。入主 VIA 后，王雪红大力整顿公司业务，将主业锁定为主板。销路不必发愁——向大众电脑公司供应，技术却是个大问题，包括中央处理器、内存和芯片，“所有的东西都需要采购”。无奈之下，公司只能边学边做。从全球购买主板配件，然后组装成型，实际相当于一个组装车间，“跟玩具组装没有什么两样”。

亦步亦趋做了两年，VIA 初步具备了大规模生产能力，成为主板制造领域的后起之秀。

1992 年，王雪红不满足于利润稀薄的主板生产了，她心想：“电脑主机上眼花缭乱的各种配件，几乎找不到一个是我们中国人自己做的，钱都被别人赚走了，为什么不能自己做芯片呢？”②

电脑主板主要包括三部分：处理器、内存和芯片组。处理器属于技术密集型产业，对技术要求很高；内存是资金密集型产业，投资额巨大；

---

① 这段话引自《东方企业家》2005 年 11 月刊《“决不轻言放弃”：王雪红全力打造威盛王国》一文。

② 引自牛维麟所著《中关村品牌成长录》一书《威盛电子的“中国芯”梦想》一章，中国人民大学出版社 2009 年版。

而芯片组对技术和资金要求较低，门槛相对较低。王雪红是经济学专业，并非计算机科班出身，但是创业这几年培养了她良好的科研素养。平时接触最多的就是主板，芯片组项目投资额较小，加上 VIA 有芯片设计专长，于是她决定涉足这个领域。

然而，技术仍是最大的难题，不过王雪红并未正面发力，而是采取迂回战略，绕开障碍。

吸引技术人才加盟

创业是一件具有开创性的工作，过程中难免遇见各种各样的难题，它们共同考验着创业者的财力、智力和能力。一般而言，能用钱解决的问题都不算问题，而最大的困难其实还是人的问题。

王雪红创业过程中，资金并不是首要问题。虽然父亲和家族没有支持一分钱，但母亲赠予的房产变相提供了启动资金，收购 VIA 后，二姐的大众电脑公司提供了稳定的订单，免去了市场开拓之苦。然而，这些外部条件并非人人可有，当然也不是必要条件。尽管它们促成了众多问题的迎刃而解，但并不存在普适性，最关键的问题仍需创业者凭借个人能力化解。

优秀的创业者能够把各种资源要素有效对接，达到合理组合。因此，技术短板未必一定需要从头弥补，如此不仅需要花费巨大财力、精力，还可能错失市场良机，这正是王雪红的顾虑所在。

技术问题实际上是人才匮乏的问题。VIA 具有芯片设计功底，但欠缺研发能力，当务之急乃是网罗人才，组建强大的技术团队。这时候，王雪红想到了一个老朋友，就是她后来的丈夫陈文琦。

陈文琦是加州理工大学计算机硕士，先后在 Wyse Tech、英特尔等公司任职，在结构设计方面有卓越的才能，同时还有丰富的营销管理经验。1989 年，陈文琦从英特尔部门经理的位置上辞职，在硅谷创立自己的公司 Symphony，专门从事结构设计。早在王雪红任职国众电脑董事长时，便与陈文琦相识，两人志趣相投，理念相同，在许多问题上有共同的见解。

在“创业圣地”硅谷的多年历练，使陈文琦建立了敏锐的商业嗅觉和清晰的产业眼光。因此当王雪红发出邀请的时候，陈文琦毅然率领 Symphony 团队加盟威盛电子，开始与王雪红联手创业。

陈文琦还带来了搭档林子牧。此人是半导体专家，从台大电机系毕业后进入加州理工大学攻读博士学位，师从半导体权威米德，毕业后加入米德创办的公司从事芯片设计，既有理论基础也有实践经验，是不可多得的人才。早在加州理工求学期间，林子牧便与陈文琦在学校合唱团相识并成了朋友，后来两人一起创立 Symphony 设计公司，配合默契，堪称“黄金搭档”。

以后的事实证明，正是陈文琦、林子牧的加入，令威盛实力大增，获得了长足进步的基础。

向利润更高的领域升级（上）

20 世纪 90 年代初，台湾经济进入黄金时期。在欧美计算机制造产业转移的背景下，台湾通过独特的代工模式成为全球计算机硬件制造基地，全球大约80%的电脑主板都由台湾厂商提供。

考虑到产业聚集效应和市场就近原则，1992年，王雪红将VIA班底从硅谷迁往台北市新竹市，改组为威盛电子股份有限公司，自任董事长，陈文琦担任总经理，林子牧担任研发副总经理。从此，三人戮力合作，率领新生的威盛电子开始了计算机硬件制造领域的长征。

计算机行业的繁荣滋生了大量芯片公司，其中既有英特尔、AMD、NVIDIA、ATI等老牌厂家，也有台湾的SIS、ULI等新秀。置身其中，威盛电子只是一家不起眼的后来者，在当时没有多少人看好。

1992年的一天，王雪红与英特尔“掌门人”安迪·格鲁夫在香港相遇。得知王雪红准备进军芯片领域，安迪·格鲁夫警告她：“你不该做这个，英特尔对芯片组的挑战者会非常严厉。”听到这句话，满心期待的王雪红非常震惊，她想做的产品与英特尔并不竞争，而是互补关系。尽管如此，格鲁夫的气势仍使王雪红“很受伤”，以至多年后她仍然清楚地记得当时的失望：“原本以为，我们去做这个事情，他一定很高兴，因为当时并不是我们一家在做。”①

芯片组是计算机主板电路的核心，尽可能地把主板电路和元件集成在芯片内。在某种程度上，芯片组设计、工艺的好坏，几乎决定了主板的级别和档次。王雪红当然不知道，英特尔已经制订了芯片组计划。回到台湾后，她开始思考格鲁夫的警告，得出的结论是：“不做就是受制于人”。

但如何突破英特尔的技术封锁呢？陈文琦认为，美国芯片组发展迅

① 引自《外滩画报》记者2009年9月末对王雪红的专访文章《王雪红：我们应该可以领先苹果》。

速，但是早期项目带头人大多数是台湾留学生，如果把这批人请回台湾，威盛还是有机会的。王雪红决定试一试。

在台湾企业界，王雪红素有“拼命三娘”称号，这是形容她不肯低头的气概。在芯片组产业选择上，王雪红将安迪·格鲁夫的警告抛诸脑后，风风火火地投身于创业中。

王雪红明白，威盛要想在芯片组领域赢得一席之地，离不开那些在美国带头研发的台湾留学生，她下定决心要把他们带回台湾。然而，“要说服他们放弃那边的优厚环境，回到台湾去打造一个不可知的未来是一件非常困难的事情”①。这时，父亲王永庆的声望给她提供了额外帮助。王永庆此时已经奠定了在台湾企业界“经营之神”的地位，王雪红说：“人们会想，我父亲做事始终如一，他的女儿大概也不会有什么问题吧。”② 许多人应邀而至，技术团队壮大起来。

新行业创立之初，免不了一番诸侯混战，对于威盛这样的后来者，恰是危险的过渡时期。

1997 年之前，王雪龄、简明仁的大众电脑公司一直是威盛最大的客户，特别是 1991 年股票上市之后，大众电脑公司势力大增，成为威盛电子稳固的靠山，其采购一度占到威盛电子总业务量的 90%。与此同时，陈文琦做主，将芯片组生产交给台积电代工，威盛得以免去投资建厂的负担。只此一项便节省下 10 多亿美元，大大降低了生产成本，顺应了电脑低价潮流。

威盛幸运地躲过了芯片组行业的混战，到 1994 年时已成为全球仅存

---

① 引自张笑恒著《财富儿女英雄传：李泽楷 VS 王雪红》一书，华文出版社 2010 年版。
② 引自张笑恒著《财富儿女英雄传：李泽楷 VS 王雪红》一书，华文出版社 2010 年版。

的7家芯片组厂商之一。此后，王雪红用5年时间将威盛发展为全球第一大芯片组生产商，与IBM、惠普、康柏等巨头建立起伙伴关系，1997年康柏取代大众成为威盛最大客户，到2000年威盛已占据全球市场70%的份额。

向利润更高的领域升级（下）

1999年3月，威盛电子在台湾挂牌上市，发行价120元新台币。由于投资者追捧，威盛股价在3个月内翻了一番，一年后更是暴涨360%，一度冲到629元，时称“台湾股王”。

威盛上市之初，陈文琦踌躇满志地宣布：在两年内取得全球芯片组市场50%份额。当时许多人视为笑谈，然而仅1年时间，2000年下半年威盛即占据了全球七成市场，陈文琦再次发愿：进军中央处理器领域，从英特尔、AMD手中夺取全球处理器市场10%的份额，要做“亚洲英特尔”。

中央处理器是整机利润最为丰厚、技术最为尖端的环节，强敌环伺，阻隔重重，威盛怎样抵达彼岸呢?

答案显而易见。早在1999年6月和8月，威盛先后收购了两家著名的CPU研发机构Cyrix和Centaur。Cyrix专门生产英特尔兼容芯片，1997年被美国国家半导体公司收购，当时的收购价高达5.5亿美元。Centaur则是IDT公司的微型处理器事业部。借此，威盛进入了CPU领域。

不难发现，威盛进入CPU领域的手法带有鲜明的王雪红风格——借助收购美国专业团队获得技术支持，与王雪红的创业路数一脉相承。通过收购 Cyrix 和 Centaur，威盛迅速介入 CPU 行业，动作之快，令同行不容小觑。与芯片组一样，王雪红并未将行业老大英特尔视为竞争对象，从一开始威盛与英特尔就是两条路数：英特尔注重产品性能，威盛则致力于性能与应用的结合。

不过，对于英特尔来说，事情并没有这么简单。“卧榻之侧，岂容他人鼾睡”。当初威盛在芯片组领域的崛起，就抢夺了英特尔的许多客户，这一次，感到威胁的英特尔终于发难了。

如何应对专利诉讼？

1999 年 9 月，威盛在一次行业论坛中公开发布 Cyrix Joshua 处理器计划，即 VIA C3 处理器的雏形。这是全球第一款与能 P6 Bus 兼容的处理器，也正是这款产品引发了英特尔对威盛的抗争。

英特尔是 CPU 领域的霸主，全球市场占有率超过 90%，拥有 CPU 领域的诸多专利，常常以行业规则制定者自居，专利权则是其打压竞争对手、维护自身行业地位的一个有力武器。

英特尔对 P6 Bus 享有专利权，不允许未经授权的厂家生产兼容性处理器。英特尔声称威盛并未得到授权，侵犯了自身的专利，于是对其发动了全球诉讼。先是要求美国美国商务部禁止威盛将相关产品销往美国，随后又在英国、新加坡等国提起诉讼。王雪红回忆，“刚开始，这个官司是 8 个国家的十几个官司一起打”。此后，威盛每推出一款 CPU 产品，英特尔便会发动新一轮诉讼，令威盛苦不堪言。“员工们越来越感觉到英特尔无处不在，其努力往往被一句话化为乌有；客户越来越对威盛失去信心，怕被英特尔起诉，说自己使用没有专利授权的产品。”①

王雪红毫不示弱，正面迎击英特尔的猛烈攻势，前后参加了 100 多场听证会，据理力争。

原来 Cyrix Joshua 处理器的原型是 Cyrix 团队研发的 Gobi 处理器，在被威盛收购之前就已发布。当时，Cyrix 团队还是美国国家半导体公司的一个部门，而后者恰恰与英特尔有专利交叉授权协议，其中就包括英特尔的 P6 Bus 专利权。1999 年，威盛收购 Cyrix 的同时，与美国国家半导体公司签订了专利交叉授权协议，变相获得了 P6 Bus 专利的合法使用权。

这场专利官司颇为复杂，英特尔与威盛各执一词，一时难分对错。僵持不下，正是英特尔的既定之策。实际上，英特尔的目的不为打赢官司，而在牵制、拖垮竞争对手。这一招是大公司打压创业型公司的不二法门，英特尔对许多美国公司都使用过，早已将之练到炉火纯青的地步。

反观威盛和王雪红，由此落入了骑虎难下的处境，进退维谷。王雪红进入了一生少有的艰难时期，只能硬着头皮往前冲。然而，到了 2003 年，因为一桩收购案，威盛终于峰回路转。

2003 年，王雪红斥资 3.22 亿美元，收购 S3 公司。对于王雪红来说，该公司最大的价值是 1998 年与英特尔签订的一份期限超过 10 年的专利交叉授权协议。通过收购，威盛共享了 S3 与英特尔之间所有的交叉授权专利。2003 年 4 月，英特尔终于放下姿态，与威盛握手言和，根据和解协议，双方各自撤回所有诉讼，并就现有产品线签署一份为期 10 年的交

① 引自《商务周刊》2009 年 3 月 23 日《王雪红：最像王永庆的女儿》一文。

叉授权协议。

威盛虽然没输官司，却错失了发展良机。通过诉讼，英特尔成功打乱了威盛的节奏。双方和解之际，威盛在全球芯片组市场的份额由70%下跌到不足30%，股价则暴跌近94%，市值严重缩水。无论如何，威盛至少赢得10年的发展空间，长久以来笼罩在头顶的乌云终于散去，整个公司气象一新。

四个月后的一天，威盛员工在公司网站上看到总经理陈文琦发布的一条消息，原来他已与王雪红在美国完婚。共同的理想让陈文琦加入王雪红的创业中，回到台湾后，陈文琦并未置业、买车，平时住在王雪红家的客房，有时上下班搭王雪红的便车，还在王雪红感染下成为基督徒。如今，患难与共的两人终于走到一起，成就了台湾企业界伉俪创业的一段佳话。

为了明天：布局产业链

在威盛内部，有一个充满宗教意味的“迦南计划”。迦南是《圣经》中描述的一个流淌着“蜂蜜和牛奶”的地方，作为基督徒的王雪红以此命名，无疑寄托着寻找商业王国财富源泉的梦想。

始于2000年前后的“迦南计划”主要包含两块内容，即向CPU、GPU① 领域的进军。由此可见，威盛当时便认准了中央处理器和图形处理器这两个整机产业链上利润最丰厚的环节。

---

① CPU、GPU分别是中央处理器和图形处理器的英文简称，GPU就是人们常说的显卡。

与英特尔和解后，轻装上阵的威盛发展十分迅速，成为唯一一家能与英特尔、AMD 等国际巨头抗衡的华人企业。尤值一提的是，威盛在低功耗处理器上取得突破性进展，产品广泛应用于移动设备、嵌入式设备和瘦客户机设备，其中在瘦客户机市场，威盛处理器已经占据全球 60% 的份额。

几乎与处理器业务同时起步，威盛组建了专注于显示芯片的 S3—旭上电子公司，成功继承了原 S3 公司的核心技术并将其发扬光大，如今已经成为仅次于英伟达、ATI 的行业新秀。

从组装主机板起步，到自主设计、研发芯片组，再到涉足中央处理器和图形处理器，威盛在计算机产业链上逐步深入，呈现出清晰的产业路径。然而，相比王雪红的整体战略，这不过是冰山一角。

台塑集团寄生于石化产业链，它的崛起是基于王永庆对整个产业的深刻理解：打通产业链上下游各个环节，实现内在的循环。王雪红显然深受其父影响，在她执掌之下，威盛围绕整个 IT 产业进行上下游延伸，不局限在计算机领域，而旨在成为 IT 界的综合性企业集团。

现在看来，1999 年是威盛历史上的关键一年，成功上市令其获得了丰沛的资金，为随后的战略扩张提供了可能。上市后，王雪红将威盛定位为“计算机连接平台供应商”，开始加速前进，

这样的背景下，2002 年，威盛收购美国 LSI Logic 公司的 CDMA2000 芯片设计部，组建威睿电通有限公司，向电信领域迈出重要一步。与 Cyrix 情形类似，LSI Logic 与高通公司签有协议，可以合法开发、生产和销售 CDMA 芯片。通过收购其旗下的芯片设计部，威盛成功地化解了 CDMA 专利壁垒，使威睿电通成为除高通之外，全球唯一一家有资格生

产商用 CDMA 芯片的公司。威睿电通成功抓住了3G 潮流，其生产的 CDMA 芯片在国内市场份额逐年提升。

经过一番布局，王雪红构建起了一个横跨 CPU、GPU 与移动通讯芯片，拥有 30 多家附属公司的威盛帝国。放眼全球，集 CPU、GPU 与移动通讯芯片三大领域于一身者，只此一家。深谙“广撒网、精布局”的王雪红为威盛创造了独树一帜的发展路径，无论未来行业如何变幻，威盛均有备无患。

用品质赢得客户青睐

在威盛集团众多子公司中，最耀眼的莫过于 HTC 了，其风头之盛，甚至盖过了母公司。

1997 年，威盛电子终于在芯片组领域扬眉吐气，成为仅次于英特尔的全球第二大芯片组生产商。这年 5 月 15 日，一家名叫 High Tech Computer Corporation 的小公司在台湾新竹市的龟山工业区成立了。威盛电子是它的投资方，王雪红则是三个创始人之一，它就是宏达电的前身。

另外两名创始人分别是卓火土、周永明。卓火土早在 1992 年就与王雪红相识，当时他在迪吉多电脑公司担任工程部主管，而威盛刚从硅谷迁往新竹。卓火土为立足未稳的威盛解决了许多技术难题，从此与王雪红结缘。卓火土当时的愿望是做掌上电脑，王雪红发现“他的梦想跟我一样”，两人经常探讨“怎样不带着 PC 到处走”，这为随后的共同创业埋下伏笔。

1997 年，在王雪红的邀请下，刚从迪吉多辞职移居美国的卓火土回台湾创业，同时带来了他在迪吉多时的部下周永明。周永明是缅甸华侨，在缅甸完成专科学业后到台湾继续求学，1987 年进入迪吉多，担任工程师，与年长 4 岁的卓火土相当投缘，在工作中建立了深厚的友谊。

公司成立后，王雪红任董事长，卓火土为总经理，但他们并未立即开发掌上电脑项目。

在战略决策上，王雪红认为应该做掌上电脑，卓火土则认为笔记本市场更广阔，更有号召力，容易吸引人才。当时 HTC 毕竟太小，没什么名气，所以招聘比较困难，王雪红听从了卓火土的建议。

但这条路走得并不顺利，同时成立的几家笔记本代工厂挤压了 HTC 的生存空间。产品销路不畅，到 1999 年时，HTC 亏损达 10 亿新台币。银行拒绝贷款，情急之下，卓火土决定将自家房产抵押用于公司运转。此时威盛在芯片组领域大放异彩，王雪红调拨资金，解决了财务问题。

经此挫折，HTC 转向 PDA 领域，卓火土仍负责公司运营和研发。卓火土身上有着工程师对技术的执著追求和精益求精的态度，加班到凌晨一两点是常事。他崇尚精细化管理，无论对自身还是对员工，要求都极其严格，不容许任何错误，在公司内有“完美先生”之称。

任何一家创业型公司都会或多或少地带上创始人色彩。对于新成立的 HTC 来说，创始人卓火土的严格要求在无形之中留下了注重设计、追求细节的基因。在随后的道路上，HTC 受益匪浅。

恰在此时，微软公司推出了叫好不叫座的 Windows CE 操作系统，由于曲高和寡，没有那家硬件厂商敢冒险与之合作。王雪红认为这对 HTC 来说是个绝佳的机会，向微软表示合作意向，却被粗暴拒绝：微软希望与惠普、戴尔等大公司合作，而当时的 HTC 还是一家名不经传的小厂。

王雪红再次显示出独特的创业气质，她背上 HTC 生产的 PDA 去拜见比尔·盖茨，到了之后将产品一款一款拿出来展示，有条不紊。看到这些品质上乘、设计感十足的产品，比尔·盖茨被打动了。王雪红至今记得，“他特别惊奇我们是怎么做出他要的概念的”。就这样，微软与 HTC 的合作开始了。借助微软巨大的影响力，HTC 打开了市场的“潘多拉魔盒”，在业界的知名度迅速攀升。

然而，虽然搭上微软这条“大船”，但在相当一段时间中，HTC 并没有推出在市场上叫得响的产品，直到与康柏相遇。2000 年，康柏公司推出一系列采用 Windows CE 3.0 操作系统的高性能掌上电脑 iPAQ，因其具有强大的多媒体功能而备受追捧，作为代工商的 HTC 也因此一炮走红，订单蜂拥而至。2001 年，HTC 出货量达到 149 万台，占据全球市场 48% 的份额。

2001 年康柏被惠普收购后，iPAQ 产品线继续保留，成为惠普最热门的产品之一。HTC 仍为惠普代工，借此确立其在掌上电脑领域的领先地位，吸引众多大客户，并迅速成为全球最大的 PDA 代工厂商。

2001 年 7 月，HTC 有了中文名称——宏达国际电子股份有限公司，简称宏达电或宏达。

商业模式的创新

2002 年，HTC 已收获惠普、戴尔等大客户，加上软件巨头微软的支持，前景一片明朗。这年 3 月 26 日，HTC 在台湾挂牌上市。几乎与此同时，微软发布 Pocket PC Phone Edition 操作系统。这年 5 月，HTC 几乎在第一时间推出了搭载该系统的智能手机 Wireless Pocket PC。

始料未及的是，合作伙伴惠普、戴尔等并不看好智能手机，拒绝让 HTC 产品贴牌。这将 HTC 逼上了另一条道路。而后，HTC 的智能手机被欧洲许多电讯运营商看中，签下大笔订单，由此迎来了转机。

不同于传统的代工模式，电讯运营商采取合约方式搭售硬件。它们向 HTC 定制智能手机并打上自家 LOGO，其利润主要是电话通讯费，硬件则基本不赚钱。有时候为开拓市场开展的种种优惠活动，在无形中带动了手机销售。由于 HTC 依托微软操作系统，为当时的消费者提供了黑莓、奔迈之外的另一重选择，加上质量可靠、价位低廉，几款产品取得了不错的成绩，建立了一定的口碑。

此后，无论采用何种操作系统，HTC 一直延续着与电讯运营商的合作关系。王雪红采取开放多元的策略，凡是电讯运营商，几乎来者不拒，合作名单不断扩充，让 HTC 找到了代工之外的另一条出路。不同于诺基亚、摩托罗拉、三星等手机厂商，HTC 的商业模式不是传统意义上的卖机器赚钱，而是通过运营商捆绑销售，然后参与分成，从而免去市场开拓、渠道搭建、品牌维护等众多繁琐细碎的环节，得以专注于产品研发、设计上，并凝聚核心竞争力。

如果说产品是皮毛，那么商业模式则是内核。无论产品如何优秀，只有依附于成功的商业模式才可能发扬光大。当然，商业模式的成功，在某种程度上也是建立在产品优秀的基础之上。

对于 HTC 这样的后来者，如果采取传统方式，在全球各国打品牌，很容易会因为元气损耗陷入危险境地，还可能四面树敌，遭到同行打压。相反，依托法国电信、O2、沃达丰等各国电讯运营商的广泛合作，则不仅可以顺利开展国际化业务，还能避免恶性竞争，迅速缩短与诺基亚、摩托罗拉等老牌手机厂商的市场差距，厚积薄发，为日后建立自主品牌积蓄力量。

着眼未来的品牌策略

2002 年 7 月 1 日，宏达电与威盛电子共同出资，在台湾桃园组建多普达国际股份有限公司。多普达英文名称 dopod，作为开拓大陆市场的独立手机品牌，以 Windows Mobile 系统闻名于世。

与此同时，HTC 继续以代工身份周旋与欧美各大电讯运营商之间。同一款手机，多普达品牌是针对大陆市场，赢得大批消费者的青睐；HTC 品牌则是面向海外市场，与运营商紧密合作。双品牌策略不仅有效规避了 HTC 的品牌误区，同时在大陆培养了可观的市场，为随后的转型积累了基础。

2005 年 2 月 12 日，宏达电股价涨至 232 元新台币，成为“台湾股王”。同年 5 月，公司推出全球首台搭载 Windows Mobile 5.0 操作系统的 3G 手机。11 月，欧洲分公司成立。王雪红被《商业周刊》评选为“2005 年亚洲之星”，而《华尔街日报》则将她列入“全球最值得关注的 50 位商界女性”。

2006 年，HTC 从幕后走出，推出自主品牌。4 月末，宏达电收盘价为 1020 元新台币，成为台湾股市 16 年来第二个突破千元记录的股票，也是王雪红继威盛电子之后创办的第二家“股王”公司。随着股价攀升，王雪红个人身价达到 700 亿元新台币，荣膺 2006 年亚洲女首富。

随后围绕 HTC 自主品牌，王雪红展开了一系列思路清晰的战略调整，将原本散乱的品牌统一起来。

2007 年 5 月，多普达国际股份有限公司被 HTC 收购，在大陆使用 5 年之久的多普达品牌就此淡出市场，旗下业务与 HTC 全面合并。2008 年 6 月，宏达电英文名称由原来的 High Tech Computer Corporation 更名为 HTC Corporation。2010 年 7 月 27 日，宏达电正式以 HTC 品牌进军中国大陆。

伴随着品牌策略的调整，宏达电依旧采取开放姿态，在巩固既有合作方的基础上，不断开拓新的客户资源。其中最关键的变化就是从单纯的 Windows Mobil 系统转为 Android 与 Windows Mobil 双系统。这与王雪红一贯的兼容并包策略相一致，也让 HTC 获得了更广阔的生存空间。

早在诺基亚 Symbian 系统和黑莓 RIM 系统大行其道的时候，王雪红唯独选中市场占有率不足 5% 的 Windows Mobil 系统，只因“当时我们就看出了智能型手机的发展方向，会往高阶运算去走！”① 正是通过 Windows Mobil 操作系统，HTC 赢得大批商务用户的认可，与诺基亚分庭抗礼；搭载谷歌 Android 系统之后，诺基亚已日暮黄昏，HTC 与苹果公司狭路相逢。

---

① 引自《中国企业家》2011 年第 9 期《王雪红：信仰与叛逆》一文，作者张殿文。

在行业变革中迅捷出击

2011 年年底，这一纷争落下帷幕。美国国际贸易委员会裁定 HTC 并未在 721 号和 983 号两项专利上侵权苹果，推翻此前 HTC 侵犯苹果 263 号专利的判决，并修正了关于 647 号专利侵权的判决内容。至此，HTC 初战告捷。王雪红说：“我相信，任何人都无法阻止 HTC 的创新和发展。”

不过，HTC 真正的敌人也许不在外面，自身的瓶颈才是制约它进一步发展壮大的绊脚石。

狂飙增长过后，市场逐渐回归理性。千篇一律的机型、过大的功耗、比上不足比下有余的定位……HTC 产品的问题逐渐浮出水面，随着智能手机市场的成熟与分化，面临多元选择的消费者日益挑剔，以往“打江山”的那套不足以应付新局面。摆在 HTC 前面的，是一条狭窄的独木桥。

王雪红不乏自我革新的勇气。2012 年伊始，HTC 宣布放弃“机海战略”，将重点放到研发和渠道层面。为了迎接日益加剧的市场竞争，王雪红提出“精品手机”的策略，以研发提升产品附加值，改善功耗过大、缺乏创新等备受诟病的老问题。针对内地消费习惯，推出“龙系列”智能手机，塑造高端形象，同时加大大陆市场渠道建设力度，从水货市场争夺份额。

作为内地市场的后来者，HTC 本已处于劣势，加上同业竞争加剧，苹果、三星、摩托统治中高端市场，国产手机则以低价充斥低端市场，留给 HTC 的空间愈发局促，但也不是毫无活路。

HTC 的看家本事在产品设计，可惜过度浪费于“机海战略”，并未形成核心优势。经过王雪红此番战略调整，“好钢用在刀刃上”，用一两款革命性产品打开局面，并非没有可能。

小结：善于利用既有条件

回顾王雪红的创业路，几乎可以用一帆风顺来形容。威盛之所以能从代工领域杀出一条血路，大众电脑公司的稳定采购为其提供了生存保障。确保其生存无忧，接下来的技术创新、业务拓展、升级换代才成为可能。这再次说明，稳定的利润对创业公司至关重要，是其存在、发展及壮大的土壤。

也许你没有王雪红这样的便利条件，找到二姐的公司做大客户，但关键的问题是：找到稳定的订单。

其二，王雪红虽然没有花家里一分钱，但其实她的家庭为她提供了更难得的资源。大众电脑公司的订单只是其一，父亲王永庆的声名是其二，如果没有王永庆在台湾企业界的声誉，王雪红很难在短期招来大批业内一流人才。问题的关键不在于有没有一个好父亲，而是能不能吸引人才。

对于大多数创业者来说，也许没有一个像王永庆那样声名显赫的父亲，但并不妨碍使用其他方式招揽人才。

威盛和 HTC 的崛起正是对王雪红创业能力的证明。期间，如何引来陈文琦、林子牧、卓火土、周永明等有志之士与一般创业者并无二致，如果光凭一个赫赫有名的父亲，恐怕也难以留住他们。

其三，应当看到，家庭为王雪红的创业提供了便利，但并不意味着创业成功，她同样需要白手起家。不过，王雪红的过人之处在于，直接收购经营不善、濒临破产的小公司，免去了诸多中间环节，迅速介入目标行业。对资本丰沛的创业者来说，这不失为一条捷径，但需要一定的经营管理能力使之走上正轨。这才是真正考验能力之处。否则，王雪红断然难以如此轻巧便摆脱英特尔的诉讼。

当然，并非人人都具备王雪红那样的家世背景和条件，追述她的创业，在于提供一种不同常规的思路。至于能从她的创业案例中收获何种经验与教训，那则是见仁见智的事情了。

从 A—Z：天生创业狂的 26 条军规

Act：凡有所思，敏于实践。良好的**行动力**是创业成功的核心要素。

Brave：创业是一种人生的跨越，没有谁能随随便便成功，既然起跑，就**勇往直前**。

Creativity："无中生有"的**创造力**，跨越现实与梦想的万水千山，减轻创业者的行囊。

Detail：成大事者**不拘小节**，这是说为人；**细节决定成败**，这是说处事。细节考验智慧。

Enjoying：看淡结果，**享受过程**。创业过程中的一切元素，都有可能成为下一次创业的资本。

Flexibility："山重水复疑无路，柳暗花明又一村"，必要的**变通力**能为创业插上飞翔的翅膀。

Gumption：持之不懈的**进取精神**不仅可以带来美妙的开端，也可以让你的事业更上一层楼。

Hold：如果必须引入外部资本，请保持必要的**控制权**，为企业和个人买个"双保险"。

Institution：无规矩不成方圆，建立**规则与制度**，是保证企业有序运营的基础。

Jump：所谓"登高望远"，时而**跳出行业**，以局外人的目光审视创

业，也许会发现别样风景。

Keep moving：没有什么一劳永逸，对于创业狂来说，**保持常态**，才是人生真谛。

Learning：保持好奇心与**求知欲**，从对外部世界的观察中汲取内心动力。

Market：关注**市场动态**，适时调整经营方针，那里面蕴藏着走向成功的无限商机。

Never give up：没有什么比士气更重要了，**永不低头、永不放弃**。前提是，方向一定正确。

Open：对于创业者来说，保持**开放的姿态**，是避免误入歧途的法宝。

Partner：很多时候，相互配合、默契有加的**合伙人**是必要的，可以省去很多麻烦和困扰。

Quick：当机会到来的时候，**迅速出击，果断行动**，千万不要因为错施时机而遗憾终生。

Rhythm：不求最快，只为平稳，寻找相适的**节奏感**，该紧则紧，应缓则缓，张弛有度。

Step by step：别妄想一口吃成胖子，制订计划，有步骤地实施，**一步一个脚印**地走向成功。

Team：分工协作，各司其职，一支富有**竞争力的创业团队**往往能取得事半功倍的效果。

Unique：在商业红海时代，**与众不同**的创业思路与商业模式，是从市场打开出路的不二法则。

Value：相同的**价值观**和真诚合作的基石，无论组建团队，还是服务

客户，均可受益无穷。

Wary：事前预防比事后弥补来得重要，无论引入投资，还是开展新业务，**小心谨慎**总是没错。

Xout：不要带着负担上路，最好的办法是，跟所有消极因素**一笔勾销**，轻装上阵。

Young heart：无论年龄大小，**一颗年轻的心**，一路上能够化解无数创业的烦恼。

Zealous：与其抱怨创业艰难，不妨把它看成一件乐事，**积极、热忱**，全身心地投入其中。

参考书目

1. ［美］卡罗·白朗著：《从零到百亿：Facebook 创业故事》，中国书籍出版社 2007 年 11 月第一版。

2. ［美］本·麦兹里奇著：《Facebook：关于性、金钱、天才和背叛》，中信出版社 2010 年 6 月第一版。

3. ［美］大卫·柯克帕特里克著：《Facebook 效应》，华文出版社 2010 年 10 月第一版。

4. 谢家华著，谢传刚译：《三双鞋：美捷步总裁谢家华自述》，中华工商联出版社 2010 年 10 月第一版。

5. ［美］卡梅伦·约翰逊著：《我的成功你应该复制》，南海出版社 2009 年 7 月第一版。

6. 季琦著：《我的创业非传奇：一辈子的事业》，广东经济出版社 2011 年 1 月第一版。

7. 许晓辉、刘峰、魏雪峰著：《梦想金山：一个坚持梦想的创业故事》，中信出版社 2008 年 5 月第一版。

8. 凌志军著：《中国的新革命》，新华出版社 2007 年 4 月第一版。

9. 高级幕僚著：《这才是最牛团队：从携程到如家、汉庭》，广东经济出版社 2010 年 1 月第一版。

10. 朱瑛石、马蕾著：《第一团队：携程与如家》2008 年 1 月第一版。

11. 孙陶然著：《创业 36 条军规》，中信出版社 2012 年 1 月第一版。

12. 蔡和成著：《王永庆的球童》，南方出版社 2010 年 7 月第一版。

13. ［美］吉姆 · 柯林斯著：《从优秀到卓越》，中信出版社 2009 年 11 月珍藏版。

14. 查立著：《给你一个亿你能干什么》，电子工业出版社 2010 年 4 月第一版。

图书在版编目（CIP）数据

天生创业狂 / 陆新之，邓鹏编著. —杭州：浙江大学出版社，2012.5
ISBN 978-7-308-09829-8

Ⅰ.①天… Ⅱ.①陆… ②邓… Ⅲ.①企业家－生平事迹－世界②企业管理－经验－世界 Ⅳ.①K815.38 ②F279.1

中国版本图书馆CIP数据核字(2012)第063596号

天生创业狂
陆新之　邓　鹏　编著

责任编辑　陈丽霞
封面设计　武　婷
出版发行　浙江大学出版社
（杭州市天目山路 148 号　邮政编码 310007）
（网址：http://www.zjupress.com）
印　　刷　临安市曙光印务有限公司
开　　本　710mm×960mm　1/16
印　　张　14.5
字　　数　165千
版 印 次　2012年5月第1版　2012年5月第1次印刷
书　　号　ISBN 978-7-308-09829-8
定　　价　32.00元

浙江大学出版社发行部邮购电话　(0571)88925591